世界のビジネスエリートは知っている

お洒落の本質

干場義雅

集英社文庫

世界のビジネスエリートは知っている　お洒落の本質

目次

世界の
ビジネスエリートは
知っている
お洒落の本質

はじめに

僕が考えるファッションの哲学に一貫しているのは、「移り変わる流行のものより、普遍的な美しいものを」、「多くの粗悪なものより、少しの上質なものを」、「ノットファッション、バットスタイル」、「装う人の知性は、外見に露呈する」、「長く使えるものにはお金を投資し、消耗品はコストパフォーマンスを考えて、安くて良質なものを着る」ということです。

僕が選ぶ洋服は、シンプルでベーシックなものがほとんどです。コーディネイトも限られたパターンしかありません。それは常に同じであることが、自分の「スタイル」だと思っているからです。

「スタイル」とは「姿」「格好」「様式」「体つき」「型」のこと。つまり自分のスタイルとは、自分の型ということです。僕はこのスタイルを、自分のなかにいち早く築きたい。だからこそ、自分の型を見つけるべく、日々修練し、その型が定まったら崩さないように心がけてきました。言うならば、干場型《ほしば》です。自分のスタイルを持てば、ぶれず、流行に左右されなくなります。

流行は「流れて行く」と書きます。流行《はや》れば、当然、廃れます。廃れるものにいくら投資をしても、自分の所には何も残りません。湯水のようにお金があれば別の話ですが……。廃れるものに投資をする意味があるでしょうか？　流行りのある洋服は一時的にしか使うことができず、結果、自分のスタイルを築くことも遅れるのです。

もちろん、時代や技術の進歩によって、進化したよい洋服が出てくるのは当たり前です。企業努力や研究を重ね、より魅力を高めた洋服を世に送り出しているブランドやメーカーはたくさんあります。しかし、スタイルを築くうえで、流行を追ってしまっては、男性としての核（本質）を見失ってしまうことにつながります。若いころに、世間を知るという意味で流行を追うことは悪いことではないですが、ある程度の年齢を重ねた大人の男性にとっては賢明の策とは言えません。

かの白洲《しらす》次郎《じろう》（一九〇二〜八五年）氏のダンディズムがそうであったように……。中身が素敵な人であるからこそ、その人ならではのスタイルが確立されていくのです。

僕がこのような考え方に至ったのは、これまで出会ってきた素晴らしい方たちの存在が大きいと思っています。後のコラム2で詳述しますが、イタリアを代表する最高級服地メーカーであり、ラグジュアリーブランドとして知られている「ロロ・ピアーナ（Loro Piana）」のトップである、故セルジオ・ロロ・ピアーナ氏と、ピエール・ルイジ・ロロ・ピアーナ氏。このご兄弟は、着こなしはもちろん、生き方そのものが素晴らしい。とくに、副会長である弟のピエール・ルイジ・ロロ・ピアーナ氏からは、男性としてのスタイルはもちろん、人間の大きさや、優雅さ、大胆な生き様を教えてもらいました。また、イタリアが誇るラグジュアリーブランドである「トッズ（TOD'S）」グループの会長兼CEOであるディエゴ・デッラ・ヴァッレ氏。彼からも、男性としてのエレガントなスタイルや趣味、生き方をいつも学ばせてもらっています。

この三人と出会えた私は、とても運がよかったのかもしれませんが、そういった海外での経験が、僕のファッションの哲学をつくり上げたのは言うまでもありません。情報が錯綜《さくそう》する社会において重要なことは、本質は何かを見抜くことです。本質を探らなければ、スタイルの核となるものは見えてきません。

本書では、僕の経験などから導き出したスタイルの本質、世界のどこでも恥ずかしくない、インターナショナルスタンダード（グローバルスタンダード）を基本として考えた、本質的にカッコイイスタイルを提案したいと思います。

序章

過ぎたるは猶及ばざるが如し

「ノットファッション、バットスタイル」

洋服は、他人に与える印象が大きいものです。だからこそ、TPPO（タイム・プレイス・パーソン・オケージョン）を意識してコーディネイトする必要があります。Time（いつ）、Place（どこで）、Person（どんな人と）、Occasion（どんな目的で）ということを踏まえて洋服を選ぶことが大切です。僕は、メディアに出演する際によく、「ノットファッション、バットスタイル」という言葉を使います。直訳すれば、「ファッションではなくスタイルを」。これはファッションそのものが大切なのではなく、その人の中身を含めたスタイルがとても重要であるということを意味しています。

僕の場合、まず洋服を選ぶ際は、素材を重視します。「はじめに」でも述べましたが、流行に左右されるようなデザインを基準に選ぶことはありません。なぜなら洋服の形というものはすでに完成しているものがほとんどで、アバンギャルド（前衛的）なデザインの洋服は、ビジネスを生業《なりわい》とする大人の男性には必要ないからです。

「過ぎたるは猶《なお》及ばざるが如《ごと》し」という言葉をご存じでしょうか？　これは、何事もやりすぎることは、足らないことと同様によくないという、春秋時代の中国の思想家・孔子《こうし》（紀元前五五二〜四七九年）の教えです。

この言葉は、洋服選びにもそのまま当てはまると思っています。デザインばかりを重視して、無理に流行を取り入れてしまうと、スタイルがない人と見なされてしまいます。その人自身の評価を大きく下げてしまうことにつながるのです。

昔から洋服に使われてきたベーシックな素材は、丈夫なものが多く、逆に言えば丈夫だからこそ時代を超えて残ってきました。ベーシックなものであれば、流行り廃りなく古びることも少ないため、長く愛用することができます。そうして大切にしてきた洋服を、子供たちに受け継いでいく……。スーツのルーツをつくったイギリスでは、今でもそういうものを大切にする考え方が根底に流れています。とても素敵なことですよね？　本書の読者にはそういう長くつき合える洋服選びをしてもらいたいと思っています。

世界中のどこでも通用するスタイルとは？

本書では、スーツやシャツ、シューズを含めた一般的なビジネススタイルを、アイテムごとに各章に分けて提案していきますが、まずはビジネスマンとしてはスーツを正しく着こなすことが重要です。インターナショナルスタンダード（国際標準）であり、ビジネス用語で言えばグローバルスタンダード（世界標準）です。やはり、男性としていちばん大切なのは、仕事ができること。

「なぜ、干場さんはいつもスーツなんですか？」と人から問われることがあるのですが、それは休みなく仕事をしているからです。そして、仕事にはお金が関係してくるからです。スーツを着ていれば誰に会っても恥ずかしくなく、対等に話ができるからです。そして、何よりも相手の方への敬意でもあります。

仕事という字は「事《こと》を仕《つかまつ》る」と書きます。信頼が得られなければ事を仕ることはできません。極端な話を言えば、信頼がなければお金が関係していることに携われないのです。たとえば、汚れて穴の空いたボロボロのジーンズを穿《は》いている人と、きちんとスーツを着ている人がいたら、アナタはどちらを信用するでしょうか？　もちろん、仕事ができて信頼があれば何を着ていたって関係ない！　という方もいらっしゃいますが、やはりスーツを着ている人のほうが社会性のあるきちんとした人間に見られ、信頼されるケースがほとんどなのです。

仕事＝信頼です。信頼のおける色、信頼のおける素材、信頼のおけるカタチ、信頼のおける着こなし……。というように、洋服の基本的要素に「信頼のおける」という枕詞《まくらことば》を付けて考えていくと、自《おの》ずとどんなスーツを着るべきなのかが見えてくるのです。

僕がスーツを選ぶ際に、お洒落《しやれ》さや流行よりも、信頼感を得られることを優先するのはそのためです。流行りのスーツや派手なスーツを着ないのも、そこに理由があります。

事を仕るというのは、他人からの信頼があってこそ成立します。だからこそビジネスマンには、他人から信頼される服装術が必要なのです。

実際、日本のビジネスマンのスーツスタイルは、昔に比べると、かなりよくなっていると言えます。たとえ安価なスーツを着ていたとしても、最低限のマナーとして、サンダルを履いたりするような人はいません。それは、相対的に日本のファッションのレベルが上がったことにも通じていると思います。しかし、美しいスーツスタイルであるかと言えば、少し違います。

イタリアのファッションにも精通し、国内外からも高い評価を受けている服飾評論家の故・落合正勝《おちあいまさかつ》さんが、これまでに出版してきた著書（『［新版］男の服装術』〈PHP研究所〉ほか）の中でも書いているような、世界標準のクラシックなスーツスタイルとは、まだまだ雲泥の差があります。それどころか、多くのメディアで紹介される、〝まあまあ〟のスタイルが一般化したことにより、全体的なレベルは向上したものの、スタイルを深く追求した本当にカッコイイと呼べる人は、昔より少なくなってしまったのかもしれません。

それこそ、落合さんをはじめ、「日本のプリンシパル」と呼ばれた白洲次郎さんや、日本初の洋品店「信濃屋《しなのや》」の顧問を務める白井俊夫《しらいとしお》さん、さらに、日本を代表するファッションプロデューサーの四方義朗《よもよしろう》さんやファッションディレクターの草分け的存在である赤峰幸生《あかみねゆきお》さん、多くのイタリアブランドを日本に紹介した成毛賢次《なるもけんじ》さんといった、男性服装界のレジェンドたる方々のように、何が美しく、何が上質かという、洋服の本質を熟知するカッコイイ人が少なくなってしまった印象があります。いい意味でも悪い意味でも、日本のスタイルは平均化されてしまっているのかもしれません。

一方で、世界で成功を収めている各国のリーダーと呼ばれる人たちは、そういった洋服の本質を熟知しています。仕事ができて、他人と信頼関係も築くことができる服装術、インテリジェンス（知性）を身につけているのです。その本質というのは、ただ高級な洋服を身につければいいということでは決してなく、自分自身の中身にフォーカスが当たるベーシックな洋服を選ぶことができるのはもちろんのこと、確立された自分のスタイルを持っているということ。洋服を身に纏《まと》う身体そのものが、まず健康で清潔であり、自分が持ち合わせた能力を、いつでも発揮できる状態であるということも含めての本質です。

これらは服装術というより、人間としてとても根本的なことですが、逆に見失いがちなことでもあります。世界で活躍する政治家や社長、起業家のことを思い返せば、その着こなしではなく、人物そのものが思い浮かぶはずです。それが、インターナショナルスタンダードなスタイルということなのです。つまり、日本でという視点のみでなく、世界中どこでも通用するスタイルを常に心がけるということが、本当の意味で美しいスーツスタイルなのではないでしょうか。

いかに自分のスタイルを確立していくべきか

このインターナショナルスタンダードなスーツスタイルは、この先もしばらくは変わらないでしょう。ここ十年くらいを振り返ってみても、すでに完成形であると考えられます。では、落合正勝さんが言われているような、クラシックなスーツスタイルが、インターナショナルスタンダードとして正解なのかと言えば、そうだと言い切ることもできません。

美しいスーツスタイルという点では正解かもしれませんが、イギリスで生まれた紳士のスーツスタイルというのは、格式も高く、決まりごとにも厳しい世界です。それを一般的なビジネスマンがすべて真似《まね》をするのは、とてもたいへんなことです。何事も、その人の身の丈に合った基準というのがあるのは当然のこと。外見で背伸びをしすぎて、肝心の中身が疎《おろそ》かになってしまっては、まったく意味がなくなってしまいます。

じつはこれも「過ぎたるは猶及ばざるが如し」。やりすぎはよくないのです。時代の移り変わりとともに、メーカーやブランドは企業努力を重ね、生地や縫製など、さまざまな分野で技術が進歩を続けています。上質なスーツをつくってきた高級テーラーでなくても、百貨店やセレクトショップが適正価格で良質なスーツを販売する時代になりました。オーダースーツも、かなり一般的になりました。必ずしも厳格なクラシックなスタイルを追求しなくても、どこでも通用する着こなしができるようになってきています。僕は、一般的な仕事をしている人ならば、それで十分だと思います。しっかりとした基準を持ち、中身を整え、そして、当たり前の生活を送りながら、仕事に邁進《まいしん》すること。それが本当の意味でのインターナショナルスタンダードなのではないでしょうか。

ここからは、世界のリーダーが実践するインターナショナルスタンダードを踏まえたうえで、日本のビジネスマンが、いかに自分のスタイルを確立していくべきかを、僕なりのモノサシで具体的にレクチャーしていきたいと思います。必ずしも本書を読めば正解に直結するというわけではありませんが、本書を読むことが、みなさんが洋服の本質へたどり着くための道標《みちしるべ》となれば幸いです。

第一章

スーツ

打ち込みのしっかりした生地を選ぶ

まずは、僕のスーツスタイルの具体的なこだわりからご紹介します。

僕はスーツを買う場合、いつ着るものなのかを第一に考えるようにしています。日本には春、夏、秋、冬という四季があるため、スーツは季節に合わせる必要があるからです。

そこで、大きく分けて春夏用と秋冬用という感じで、スーツの生地を変えるようにしています。春夏用ならばサマーウール。ウールでも、涼しい少し薄手の生地を選んでいます。秋冬用ならばウール。いわゆるフランネルやフラノといった少し厚手の生地を選びます。そして、そのなかでも打ち込みのしっかりした生地を選ぶようにしています。

スーツの生地を選ぶ際、打ち込みがしっかりした生地とか、打ち込みがあまい生地などと言いますが、打ち込みがしっかりした生地とは、織りの密度が高い生地のことを指します。

織りの密度が高い生地は、それだけ多くの糸を使って、ギッチリ織られているので、生地がしっかりしています。そういう生地は、スラックスを穿いたときに膝の部分だけが伸びてしまう、いわゆる「膝が抜ける」心配がありません。スラックスのクリース（折り目）がしっかりと入ります。

つまり、結果的に、きちんと見え、長時間、美しくスーツを着ることにつながるのです。そして、なによりも打ち込みのしっかりした生地は丈夫です。一日おき、または二日おきにスーツに袖を通す一般的なビジネスマンにとって、すぐにダメになってしまう腰のない生地のスーツは、常用として、必要ないでしょう。

イギリス製の生地や、旧織機で織られたヴィンテージの生地は、打ち込みがしっかりしたものが多いのですが、そういう丈夫な生地でスーツを仕立てると長持ちして、子供の代まで着ることができるので、イギリス人に親しまれてきたのです。昔のスーツは長く着ることを前提としてつくられていて、丈夫なものが主流でした。夏は涼しく冬はそれほど寒くなく、また一年を通し雨が多いイギリスの西岸海洋性気候にも合っていたと言えます。

ただ、昔のイギリス製の生地はきわめて肉厚で、野暮ったい印象になってしまうことが多かったのも事実。

そうなると、現代のビジネスマンが着るには不釣り合いになってしまいます。打ち込みがしっかりしているといっても、ちょうどいいバランスのものを選ぶことが生地選びのポイントというわけです。

ここ十数年、男性の装いはクラシコイタリアから派生したイタリアものが中心でした。今までの服装の伝統やルールを重んじるイギリスとは対照的に、服装を楽しもう！　というラテンな国民性のイタリアのムードが世界を席巻《せっけん》したのです。

重くてしっかりしているイギリス製の生地とは対照的に、軽くて柔らかなイタリア製の生地。まずは、国によって、スーツに使われるウール素材の特性に違いがあることを知るのが重要です。

僕の持っているスーツで言えば、打ち込みのしっかりした生地のものは、防水加工されていなくても水が染み込みづらいという撥水性《はっすいせい》の利点があります。

せっかく買ったスーツが、たった一度の雨やワインをこぼしたことで使えなくなってしまっては、なんとももったいない話。

そういう観点からも、生地選びは大切な作業なのです。

グレードにはとらわれず、耐久性や機能性も考慮

スーツの生地選びには、そういった機能面を意識する必要がありますが、機能面を重視することにより、ストレッチ性のある生地を選ぶ人も増えてきました。たとえば、営業職などで外回りが多い人は、そういう生地を選択するのも悪くないでしょう。

しかし、ストレッチ性のある生地に含まれるナイロンなどの化学繊維は、天然繊維と比べると伸びやすいという難点もあるため、ストレッチ性がありすぎると、今度は膝が抜けやすくなってしまうので注意が必要です。ストレッチ性のある生地を選ぶ場合は、そのための素材がほんの少し、数％配合されたもので、ちょうどいいバランスの生地を選ぶのがコツ。もしくは、天然繊維でありながらストレッチ性のある、ナチュラルストレッチといわれる生地を選ぶのも得策です。

ちなみに、生地のグレードとして「ＳＵＰＥＲ○○」という表記がありますが、これは、そのままスーパーと読み、たとえば「ＳＵＰＥＲ１００」と書いてあれば、一kgの原毛で、百kmの糸をつくることができるという意味です。

そう言われてもピンとこない人も多いと思いますが、この数字が大きくなれば、それだけ細い糸を使用しているということ。つまり高級な生地などでよく見る「SUPER160」といった表記は、それだけ細い糸を紡いでいて、高品質であるという意味になり、軽くて着心地がよく、ツヤがある生地になります。

ただ、ビジネスマンが常用として着るスーツにこういった生地を選ぶのは賢明ではありません。なぜなら、薄くて軽い分、どうしても生地が弱くなってしまうためです。スーツは美しく着ることができるものですが、美しさを重視した高級生地のスーツは弱いこともあるので、パーティーなどだけに着ていけばいいのではないでしょうか。

オーダーで一からスーツをつくる場合でも、既成品のビジネススーツを購入する場合でも、ただ表記を見たり話を聞いたりするだけではなく、生地をしっかりと自分の手で触り、丈夫さを確かめてみるのも、とても重要なことなのです。

スーツ生地の耐久性や機能性は、技術の進歩により良質なものが次々に開発されています。イタリアにおいても、スーツのルーツがイギリスにあることに敬意を表し、イギリス流の丈夫な生地をつくるような潮流が、ここ数年続いています。イタリアでいえば、「エルメネジルド・ゼニア（Ermenegildo Zegna）」や「ロロ・ピアーナ」など、長年スーツをつくり続けている老舗の紳士服・服地メーカーがまさにそうですが、最近では薄手でも丈夫で強い生地がどんどん登場してきているのも事実です。

一方で、イギリスの生地も、重くてしっかりしているものばかりでなく、技術の進歩によって、薄くて軽いにもかかわらず丈夫なものがつくられるようになってきました。イギリスのマンチェスターから車で小一時間行った場所にある生地の産地ハダースフィールドでは、そういう最新の生地が登場し話題になっています。

これは人間が、いいものをつくろうと努力し、進化する生き物であるからこそ。ドイツ車のポルシェを評して「最新こそ最良」という言葉がありますが、洋服でも同様で、最新の生地に触れることは、いまの時代の流れを知るという意味でも、大切な要素なのです。

トレンドに敏感な日本のセレクトショップも、そういった技術の進歩に対応し、よくできたスーツを扱うところが少なくありません。ただ高級だから、ただ見た目がカッコイイから、といったイメージだけでなく、耐久性があるものであるとか、機能性の高いものであるとか、そういった観点から生地を選んでみるのもいいのではないでしょうか。

色はグレーかネイビーで、ベーシックでノーブルな印象のものを

スーツの色は、グレーかネイビーがグローバルスタンダードです。冠婚葬祭用にブラックスーツも存在しますが、ビジネススタイルという意味では、グレーとネイビーの二色があれば十分です。そのなかでも、いちばん多く僕が着る色は、ミディアムグレー。そして、あまり一般的な呼び方ではないかもしれませんが、ミディアムネイビーです。ちなみに、チャコールグレーという色の名をよく耳にすると思いますが、このチャコールとは英語で木炭のこと。つまり木炭のように暗いグレーです。

このように、ひと口にグレーやネイビーといっても、微妙な色の差があり、季節によってちょうどいい色合いを選ぶ必要があります。夏になって暑くなってきたら明るい色合いで涼しげに、冬になって寒くなってきたら少し落ち着いた色合いで重厚に見せるというのが、僕の色選びの基準になっています。では、春と秋はというと、いちばん着られる時期が長いので、中間のミディアムグレーとミディアムネイビーを選んでいます。

だからこそ、最初の一着を購入するのであれば、このミディアムの色合いを狙うべきです。まさに、いわゆるグレー、いわゆるネイビーという色が、このミディアムな色合いだと言っても過言ではありません。

季節によって色合いを変えるわけですが、梅雨の時期などはとくに気を遣っています。たとえば急に雨が降ってきたときに、明るいグレーやネイビーのスーツにポツポツと雨のシミができてしまっては、みすぼらしく見えてしまいます。そうならないためにも、雨が降りそうなときであれば、なるべく暗いトーンの色合いを選んだほうがいいでしょう。このように季節感だけでなく、天候などにも気を配った色選びができるようになることも大切です。

そして、生地の柄などの視覚的なことに関してですが、生地に目が行きすぎないものを選ぶこと。これはとても重要なことです。「無地に勝る柄はない」という言葉を覚えておくといいでしょう。

やはり、いちばん大切なのはスーツを着ている中身であり、自分自身です。しっかり自分に目を向けてもらえるものを選ぶべきであり、ビジネススタイルであれば、派手なストライプや大きめのチェックなどが入った生地は選ばないほうがいいでしょう。生地の柄が派手すぎると、他人の目は、生地ばかりに行ってしまい、スーツそのものの印象だけが残ってしまいます。生地の柄を選ぶ際は、自分の体格や身長に合った、きわめてベーシックでノーブル（高貴）な印象のものを選ぶのも、大きなポイントなのです。

自分の体型に合わせて、本当に似合うものを探す

スーツを着こなすうえで大切にしたいのが、美しく着るということです。そのためには、スーツを着る自分の体型のことを、しっかり考えなければいけません。いまの日本では、細身のスーツが一般的ですが、ただ細身のスーツを着ればいいのかというと、もちろん違います。着る人の体型があまりにも貧弱や貧相に見える場合は、少しゆとりのあるものを選び、堂々と見えるようにしてあげなければいけません。成熟した男性像に少しずつ寄せるというわけです。もちろん、極端なオーバーサイズというのも論外です。

ひとつの基準値として、スーツを着こなすバランスがいちばん美しく見えるのは、身長が百八十㎝の人だと思います。これは、インターナショナルスタンダードな身長という点でもまさにそう。日本人の平均身長は、二十代〜四十代の男性

で百七十一cm後半です。しかし、世界的に見るとそれはもう少し高く、百八十cm前後になるのではないでしょうか。

スーツの美しさの定義とは、やはり、インターナショナルスタンダードであることだと思うので、この世界標準値の身長を意識した着こなしを心がけたいもの。わかりやすく言えば、俗に「スーパーモデル」と呼ばれる世界のトップモデルは、九頭身、十頭身という抜群のスタイルです。美しさという意味では美しく見えるのかもしれませんが、あまりにもスタイルがよすぎて、スタンダードとは言えません。なぜなら世界中を見渡しても、こういう体型の人間は稀《まれ》であるからです。

逆に、スタイルに自信がなく頭が大きい、六頭身の昭和体型の人であれば、少し頭身を上げるように見せるのがいいでしょう。頭が歩いているように見えてしまっては、それはカッコイイスーツスタイルとは言いがたいです。

つまり、八頭身、七・五頭身の人が一般的に美しく見えるということ。これもやはり「過ぎたるは猶及ばざるが如し」で、なるべく「普通」に寄せた着こなしを意識する必要があります。

ですから、スーツを着こなすためにはまず、自分の体型を知らなければいけません。インターナショナルスタンダードを基準に、スーツをいかに、自分にフィットさせていくのかという探求は、自分を知るうえで人生の勉強にもなります。世間の流行がこうだから……ということに惑わされるのではなく、自分の体型に合わせて、本当に似合うもの、自分を美しく見せてくれるものを探していくことが、スーツの着こなしではとても重要なのです。

インターナショナルスタンダードは三つボタン段返りか二つボタン

スーツのデザインで、インターナショナルスタンダードなのは、三つボタン段返りか二つボタンのスーツです。一つボタンは相応《ふさわ》しくありません。

段返りというデザインはアメリカが発祥ですが、シャツの見えるVゾーンを美しく見せるという目的からも、この三つボタンの段返りが世界的に主流となっています。この段返りの特徴は、いちばん上のボタンはラペル（襟）にかかって付けられていて、ラペルの返りの部分に隠れてしまうデザインであること。そしてボタンを留めるのは中央のひとつだけです。二つボタンの場合は、ボタンを留めるのは上のひとつだけ。それがまさしくインターナショナルスタンダードであり、テレビなどで確認しても、世界のトップリーダーたちのほとんどがこの形のスーツを愛用しています。

この三つボタンの各ボタン位置のバランスは、中央のボタン位置に対して上下がコンパクトにまとまっているほうがいいでしょう。最近のスーツは、スタイルがよく見えるように、全体的にジャケットの着丈が短いものが増えています。だから、ボタンの間隔が広いと間延びしてバランスが悪くなります。縦方向だけを縮小したように、着丈だけが短くなってしまうと、ボタンを留めたときにアンバランスになってしまうのです。

三つボタン段返りのスーツの場合、中央のボタンをかける位置は、ヘソの位置というのがセオリーですが、僕は少しだけ上げて、腹筋のいちばん上くらいに設定しています。じつはこの位置もバランスが大切で、高すぎても低すぎてもよくありません。

着丈も、風格を残しつつも、軽やかに見えるというのがいまの潮流なので、そういったトータルでバランスのいいスーツを選ぶといいと思います。

また、後ろ身頃に入るベント（切れ込み）に関しては、動きやすさを重視するのであればサイドベンツがいいでしょう。左右に二つ入ったサイドベンツのデザインは、ジャケットを着ながら馬にまたがっているときに、剣の抜き差しをしやすくするための名残と言われています。ベントがなければフォーマル。ベントがあれば、スポーティというのが一般的な考え方です。なので、室内で着るタキシードには、ベントがないのです。ノーベントのスーツはフォーマルの基本形ですし、シングルジャケットであればセンターベントもすっきりとしたイメージになるので、問題はありません。しかし、仕事をするために着るビジネススーツとしてもっとも適していると思うベントは、やはり動くときの利点が備わっているサイドベンツです。

ビジネススーツという意味で、シングルスーツの話をしていますが、決してダブルのスーツが悪いわけではありません。ダブルはシングルよりもフォーマルで、ダブルよりもフォーマルというとスリーピースになります。スーツは、使われている生地の量によって、格式が変わります。それは女性のドレスと同じ考え方。たっぷりと生地を使ったロングドレスがフォーマルな印象があるのと同様です。

最近のダブルスーツは細身なものも多く、身長のある人や恰幅《かっぷく》のいい方は、ダブルのスーツを着るのもいいでしょう。ダブルのスーツを着る場合は、もっともベーシックな、六つボタンのひとつがけがおすすめです。ちなみに、ボタンの数は身長に比例すると覚えておくと便利です。

ポケットは、普通のフラップポケットで問題はありません。このフラップは雨が入らないようにという実用的な理由から付いています。スーツというのは、屋外でも室内でも着るものです。屋外で着る場合はフラップを出して、室内で着る場合はフラップを隠して両玉縁《りょうたまぶち》のように見せることもできます。そうやって使い分けることも可能です。

風格を醸し出すためには、胸ポケットの位置にもこだわる

僕はラペルの幅を必ず七・五〜八cmにしています。このラペルはスーツの印象を大きく左右する部分でもあり、良い仕立てを見極めるポイントにもなります。サイズも、大きすぎたり小さすぎたりせず、しなやかな質感のものがいいとされています。このラペルの大きさや形を、流行に合わせて変えるブランドのスーツは、あまりおすすめできません。

そして、上襟と下襟を区切るゴージラインの位置も高すぎず低すぎず、羽織ったときに鎖骨の下にしっかり収まるようなものを選択するといいでしょう。たまに、このゴージラインの位置が極端に高いものがありますが、ゴージラインの傾

斜角、ノッチ（Ｖ字型の刻み）の位置などによっては、カジュアルなスーツという印象を与えてしまうので注意が必要です。

このラペルとの関係性において、僕が重要視しているポイントは胸ポケットの位置です。既成品のスーツを買う場合、胸ポケットの位置にこだわって買う人はそういないと思いますが、ポケットチーフを入れた際、その位置が高すぎると安定感がなく見えてしまいます。スーツを着たときに大事なことのひとつとして、いかに風格を醸し出すかということも忘れてはいけません。

よく若者たちが着るスーツにありがちなのは、胸ポケットが高めの設定になっているもの。こういうスーツを一般のビジネスマンが着てしまうと、地に足が着いていない、浮ついた印象を与えてしまいます。やはり、スーツはある程度の威厳や安定感があったほうがカッコイイものです。そのためにも、胸ポケットの位置は少しだけ低めに設定して、チーフを出したときに生まれる安定感を考慮することを心がけてみてはいかがでしょうか。

また胸ポケットの大きさも重要です。極端に小さいと、チーフを折り畳んで入れたときに、美しく入りません。三十六㎝角の白い麻のチーフを、「ＴＶフォールド」で入れるとすると、一回縦横を半分に折って、さらにもう半分に折るので一辺の長さが約九㎝になります。生地の折り重なる部分で厚みも出るので、胸ポケットの大きさとしては十㎝ぐらい空いてるものを選ぶのがベターです。

既成品を買う場合でも、試着したときに鏡で確認して、自分で胸ポケットの位置が高めだったり、胸ポケットの大きさが小さいと感じたら、そのスーツは買わなくていいでしょう。既成品の場合、ポケットの位置や大きさは調整できないので、そのスーツは救う余地がないスーツと言えます。

胸ポケットの位置の目安としては、ちょうど胸の中心、乳頭の少し上のあたりがベストなポジションです。これも自分の体型に合わせていちばん美しい位置を見つけると、スーツを買うときの大きな目安となります。

また、ビジネススーツを買うのに、胸ポケットが生地を貼り付けたようなパッチポケットのものを選ぶのは、もちろんナンセンスです。胸ポケットのデザインは、普通の箱ポケットや、バルカ（舟形）ポケットが最適。逆に、胸ポケットがないタイプのスーツも存在しますが、ビジネススーツでは胸ポケットがあるものがスタンダードです。

クラシックスーツを熟知した落合正勝さんも、「スーツで重要なのは、極端なことをいえば胸から上だけである」と言っていますが、ラペル、ゴージライン、ノッチ、胸ポケットなど、美しく見せるということには、胸より上の部分の形や位置などが大きく関係してくるのです。

肩のラインはより自然に見えるナチュラルショルダーに

肩のラインは、薄手の肩パットで保型する程度がいいと思います。バブルのころには分厚い肩パットを入れたスーツが流行したこともありましたが、現在のインターナショナルスタンダードでは、より自然に見えるナチュラルショルダーが一般的です。

当時は、顔を小さくカッコよく見せるために、分厚い肩パットで肩を大きく見せていましたが、怒り肩に見えれば見えるほど他人には硬い印象を与えてしまいます。そしてなにより、そのシルエット自体がデザインされたものにもなってしまうのです。

やはり、もっとも大事なのはそのスーツを着る人自身なのですから、この分厚い肩パットという考え方もナンセンス。イタリア語に「ナチュラーレ」という言葉がありますが、いかに自然に見せるかということが大切で、ナチュラーレ＝エレガンテ。つまり、自然に見えるほうがエレガントで美しいスタイルだということなのです。

このような、三つボタン段返りや二つボタンで、肩はナチュラルショルダーというスーツスタイルは、ここ十年ですっかり確立されたインターナショナルスタンダードです。つまり、もうすでに完成された形として、これからしばらくは変わることはないでしょう。

肩のラインを決めるもうひとつの要素は袖の付け方。僕が着ているスーツで、ナポリっぽいと言われる「マニカカミーチャ」という技法で付けられたものがあります。「カミーチャ」とはイタリア語でシャツという意味で、この付け方はイタリアのナポリが発祥であるシャツの袖付けのように仕立てる技法です
これは身頃の小さいアームホールに対し、大きめの袖をいせ込みながら付けているため、袖山が膨らむのが特徴。アームホールが大きいと腕を上げたときに身頃の生地も一緒に上がってしまい、可動域が狭くなってしまうデメリットを、逆にアームホールを小さくし、腕がそのまま上がるように工夫した技法です。そういうスーツは見た目よりも、着たときに軽く感じるのです。

ただ、このいせ込みがあまりにも入りすぎていたり、袖山が高くなりすぎてい

るのは、自然なナチュラルショルダーからは遠くなってしまうので、なるべく可動域がありながらも、袖山はできるだけ低いものがいいでしょう。

顔幅の三倍くらいを想定して、肩幅を決める

僕のジャケットのサイズは四十六（イタリアサイズ）です。しかし、既成品の場合、そのままのサイズで購入すると、ぴったりしすぎて動きづらいと感じてしまいます。だから、肩幅のみ四十七か四十八くらいのサイズに直しています。

これはなぜかというと、当然、長く着ることを想定して購入するので、老いによる筋肉量の低下や体型の変化があったときに、あまりにジャストサイズすぎると美しく着られなくなるからです。

オーダーでスーツをつくる場合、たいていは採寸に合わせてきっちりつくるものですが、僕はもう少しゆとりを持たせ、両肩幅五㎜オーバーでつくるようにしています。この少しのゆとりが風格のある肩幅になり、スタイルがよく見える効果につながるのです。

肩幅を決める目安として、個人差はありますが、顔幅の三倍くらいを想定する

といいでしょう。そうすると、遠目で見たときにきれいに見える。これがよく言われる、スーツの理想形です。もし自分の顔が大きかったとしても、顔幅の三倍くらいの比率に肩幅を設定することで、目の錯覚か、不思議と顔の大きさが気にならなく見えるのです。

イギリス出身の俳優で、ダンディという印象を定着させたケーリー・グラント（一九〇四〜八六年）は、じつは顔が大きかったために肩幅のあるスーツを映画の中では好んで着ていたという説があります。そうやって、全体のバランスを調整しながらサイズを決めていくと、より美しいスタイルへと近づくでしょう。

胸板の幅とウエストの幅の差を「ドロップ寸」といい、ドロップエイトやドロップナインなどと、逆三角形に見えるシルエットにデザインされたスーツがあります。これもまさに自分の体型をよく知らなければ、バランスを崩してしまうことになりかねません。もともとハト胸の人がウエストを絞りすぎたら、さらにハト胸が強調されてしまいます。

自分の胸は張っているのか、お腹《なか》は出ているのか、首は短いのか太いのか、顔は大きいのか、前肩なのか、なで肩なのか。そういう肩周辺の情報で肩幅などはかなり変わってきます。スーツを美しく見せるためには、やはり自分の体型をよく理解しておくことが大切なのです。

クラシックスーツの袖口の基本は本切羽《ほんせつぱ》仕様

きちんとしたクラシックスーツの袖口の基本は、本切羽です。本開きともいいますが、本切羽とは、ジャケットの袖口がボタンによって開閉できるもののことで、手を洗ったりする際に、ボタンを外して袖をまくるためのものです。

本切羽仕様の袖口には基本、ボタンが四つ付いており、袖口からいちばん遠いボタンは穴を塞いだ飾りであることがルーツです。そもそもこれは、イギリスの古い習慣で、スーツを自分の子供に譲るときに、仮にその子供が自分よりも腕が長くなった場合に袖を伸ばす必要があるため、その開いていない四つ目のボタンを外してひとつ目に持ってくるという、スーツを継承していくための仕様です。

ちなみに既成品のスーツを買った場合、袖口にボタンは付いているものの、四つすべてが飾りという場合も少なくありません。これは、購入者の体型に合わせて自由に袖の長さを調整するためのものであって、これが正式な袖口ではないということは覚えておくといいでしょう。

この本切羽を外し、サッと手を洗う。そしてボタンを戻すという一連の動きは、それ自体が男の所作として粋でカッコイイものです。なにより、スーツが実用的な洋服であることの証《あかし》とも言えるでしょう。

この本切羽の四つのボタンを少しずつ重ねて付けることが粋。機械にはできない職人の手仕事ならではの技だという人もいますが、僕の考えるビジネススタイルでは、そうは思いません。人間は二本の腕を使って仕事をする生き物です。そう考えると、袖口に付いているボタンが重なっていたら、当然、割れやすくなります。

だから僕は、本切羽のスーツでも、できれば四つのボタンが重ならないように並びでオーダーしています。ボタンが欠けていたり、ひとつだけ取れていたりというのは、それこそみすぼらしいスタイルになってしまいますし、長く着るという意味でも、ムダなメンテナンスが増えてしまうからです。

ビジネスユースなら、裏地は滑りのいい総裏地に

僕の場合、夏場であっても総裏地のジャケットを着ることが多いのですが、そ

れには理由があります。丈夫だからです。最近は暑さ対策から、裏地なしのジャケットも主流になってきていますが、ビジネスシーンで一般の人が着るスーツということを考えると、裏地がないものは、内側がすぐにほつれたりして、ジャケット自体がダメになってしまうケースが多いのです。もちろん気温の変化に対応するために、使い分けることはいいとは思いますが、何着もスーツを持っている人でないかぎり、最初の一着として選択するのは総裏地のもののほうが、長く着られるという点からもいいと思います。

この裏地の素材は、滑りのいいものであることが重要。裏地が滑らなければ当然動きづらいですし、着脱もしにくい。せっかく美しいスーツを選んでも、裏地で台なしにしてしまうこともあるのです。オーダースーツであれば、見た目よりも実用性を考えた裏地を選ぶ。そして既成品を買うにしても、まずは袖を通してみて、その滑りを確かめてみることは必要でしょう。おすすめは、ベンベルグと呼ばれるキュプラの中でも一番薄手の素材です。薄手のキュプラの裏地は、生地が薄く縫うときに動いてしまうため、職人泣かせではあるのですが、実際に着る人にとっては、柔らかくて滑りが良いので、着心地がよく感じられるはずです。

スラックスのシルエットは、全体のバランスで決める

ビジネススーツの場合、スラックスの裾はダブル仕様にすることが多くなっています。もともとクラシックスーツの常識として、ダブルはビジネス、シングルはフォーマルとされていますが、最近はとくに厳格なルールではなくなってきています。僕の場合はシングルにするのはタキシードくらいで、あとは基本ダブルです。

なぜダブルなのかというと、裾に向かって細くなるテーパードシルエットを、安定したより美しいラインに見せたいからです。スラックスに関しても、自分の体型に合った裾幅というのは当然あり、僕は自分自身がもっとも美しく見えると思うサイズとして、裾幅が十七cm、ダブルの折り返し幅は四・五〜五cmと決めています。

「いまの流れは、裾幅は二十cmがオススメですよ」などとショップスタッフから言われても、自分の足首の太さが十cmしかなければ、十cmも余ってしまう。裾をヒラヒラと余らせるスタイルではシャープな印象を与えることはできません。歩

くときの足さばきも、当然おかしなことになってしまい、カッコ悪い。

　自分の身長はどのくらいで、足首の太さがどのくらい、足の形がどういう形かということをちゃんと把握し、全体のバランスを考え、シルエットが美しく見えるように裾幅や膝幅、ワタリ幅を決めるということも、スーツスタイルの大切な要素のひとつです。

　また、いくら打ち込みのしっかりした生地を使っていても、穿いていれば膝が出てきてしまうのは仕方のないこと。極端な話、スラックスの膝幅が細すぎると、常に膝が突き出た状態になってしまいます。この膝幅についても、自分の体型を理解し、ちょうど膝が出ないくらいの幅にするということが大切でしょう。

　そして、僕はスラックスにプリーツを入れています。既成品の場合、ノープリーツやワンプリーツなどがありますが、最近はノープリーツのものが主流です。ちなみに、スラックスにプリーツを入れている人はなぜか太めの体型である、という定説もあるほど。

　スラックスにプリーツを入れることの意味としては、ポケットに手を出し入れしやすくなるという面があります。ポケットに自分の手を入れたときに、しっかりと手首まで入る深さを取れるということは、スラックスの機能面でとても重要なこと。僕は手が大きいので、手を入れたときに美しく見えるように、プリーツを入れてポケットを少し深めにしています。

そして、このプリーツによる可動域があることは、ビジネススーツの重要な要素でもある、動きやすさということにもつながります。スラックスが窮屈だと、イギリスの近衛兵《このえへい》のようなカクカクした動きになってしまいますし、軍服をルーツに進化してきたスーツだけに、動きやすさということは無視できないでしょう。

プリーツ入りのスラックスは太めに見えるというのは必ずしも正解ではなく、逆に細身すぎる人が穿くと、少しゆったりとした安定感を与えることもできます。スラックスを美しいシルエットに見せるためにも、プリーツというのは、うまく使えばいい効果を生むディテールだと僕は思うのです。

一着のスーツを長く着るためには何が必要か

何着かをローテーションで着ることが多いスーツ。僕は春夏、秋冬でそれぞれ五着ずつとし、合計十着あればベストだと思っていますが、最低限として三着ずつの計六着は用意してほしいと思っています。そこは、ご自身の経済状況で判断すればまったく問題ありません。しかし、買ったスーツを長く着ると考えたとき、スーツを何着持っているかも大切ですが、きちんと手入れすることも大切です。スーツの生地に使われる天然素材は、復元力が高いため、手入れをすれば元の美しい形に戻ってくれます。きちんと手入れすることで、毎日変わらず美しいスーツを着て出勤することができるのです。

　スーツの手入れ方法として、ブラッシングする必要があるとも言われていますが、カシミア用の大型のブラシなどはそこそこの値段がします。高級スーツを購入したのであれば、きちんとブラッシングしたほうがいいでしょうが、一般のビジネスマンが普段着るスーツには、必ずしも適切ではないと思っています。

　ただ、着用後に何もせず、定期的にクリーニング屋さんに出すだけというのではダメ。毎回、ホコリはきちんと落とし、ジャケットもスラックスも必ずハンガーに掛けておく必要はあります。仕事から帰って時間があるときは、専用ハンガーでスラックスの裾を上にして吊《つ》るすだけで、膝などは自然と伸びてくれるものです。

　もっと言えば、きちんと自分でアイロンをかけるほうがいい。僕の場合はスチーマーではなく、必ずアイロンを使って自分で手入れをしています。アイロンを使うことによって、クリースもしっかり入り、内側についた穿きジワもきれいに消すことができます。そうやってきっちりと折り目を入れることで、スーツを美しく見せるような手入れをしているのです。

　こういったメンテナンスは自分自身で行うべき。自分で購入したスーツなのだから、そのスーツのことを熟知すべきは自分自身です。自分でアイロンをかけると、スーツのパターンや仕立て、生地の良し悪《あ》しもわかるようになります。自分の身の周りのことは自分でやる。それが大人の男性としてのマナーとも言えるのではないでしょうか。

アンダー十万円で揃《そろ》えるスーツ選び

カッコよくなるためではなく、カッコよく生きるためのもの

スーツを購入するうえで、とくにおすすめしたいブランドとして挙げられるのが、「エルメネジルド ゼニア」や「キートン（Kiton）」「ペコラ銀座」「デ・ペトリロ」や「タリアトーレ」「ラルディーニ」、セレクトショップオリジナルでは「ビームス」や「B.R.SHOP」、百貨店では「髙島屋《たかしまや》」や「伊勢《いせ》丹《たん》」などです。

先ほどから繰り返しているインターナショナルスタンダードという意味で

は、「エルメネジルド ゼニア」のスーツなどはまさにそれで、最先端の技術でスーツスタイルを提案しているブランドだと言えます。

本来であれば、本書の読者には「エルメネジルド ゼニア」が提案するようなインターナショナルスタンダードのスーツを、自分の体型に合わせてオーダーしていただきたいと思っているのですが、安価ではないスーツを普段使いできるビジネスマンなんて、一般的なはずがありません。最高でも十万円くらいしかスーツにはかけられないという人が大多数でしょう。

スーツスタイルは、スーツだけでなく、シャツやコート、靴や小物といったように、全身すべてのアイテムで完成すると言えます。スーツにばかりお金をかけてしまっては、お金がいくらあっても足りないのは当然で、本末転倒になってしまうことがいちばんカッコ悪いものです。その場合、何にお金をかけて、何にお金をかけないのか。そういった優先順位をつけてほしいのです。

何事も、自分の身の丈に合ったものを選ぶほうがいいに決まっています。お金もないのに高級外車に乗っているというのは、それこそカッコ悪い。一般的なビジネスマンが、毎日のスーツ用に三万円以上する高級なシャツを着るなんて絶対にありえません。スーツとは、カッコよくなるためというより、カッコよく生きるためのものであってほしいと思うのです。

僕のこの考えを実践する場合、たとえば「ビームス」であれば、十五万円ぐらいからスーツをセミオーダーできます。「ビームス」のようなセレクトショップは、きちんと世の中の流れを研究したうえでモノづくりをしているので、最低でも十年くらいは着られるものが購入できるでしょう。「ビームス」のスーツは本当によくできているので、セミオーダーでなくても十分なものを購入できると思います。

もちろん「ユナイテッドアローズ」や「バーニーズ ニューヨーク」「エストネーション」などのセレクトショップ、「伊勢丹メンズ館」や「阪急メンズ館」「髙島屋」などの百貨店も、いまの時代にふさわしいスーツを販売しています。日本のセレクトショップや百貨店は本当に優秀です。

また、序章では日本のビジネスマンのスーツスタイルがよくなってきているという話もしましたが、これは本当の話で、吊るし（既製品）のスーツでもそれなりのものが多くなってきています。テレビCMなどでもお馴染《なじ》みの紳士服量販店や、ショッピングモールなどに出店しているスーツストアでも、しっかりとポイントさえ押さえて購入すれば、僕の言う美しいスーツスタイルに近づくことはできるでしょう。

安価なところでは、三万円もあればスーツが手に入る時代です。もしかすると、そういう店舗だけで考えたら、十万円以内ですべてのアイテムが揃ってしまう場合もあるかもしれません。見る目がないのに高額なオーダースーツをいきなり購入して失敗するくらいなら、逆に、吊るしのものを購入しながら勉強し、〝いよいよいいものを〟というときに、きちんとオーダースーツをつくればいいでしょう。

ただ言っておきたいのは、ひとつひとつのグレードを下げてしまっては、いいものを長く着るというのは難しいのも事実。シャツや靴下などの消耗品はいいとしても、そこそこの値段のアイテムが一年で使えなくなってしまうのは、もったいないだけです。

それこそ、いちばん大きな金額を占める腕時計や靴は、まずはいいものに。

そして次はスーツを。という具合に、自分に合ったペースで徐々にグレードの高いものを揃えていけば、ムリなく自分のスタイルを完成させていけるのではないでしょうか。

第二章

シャツ

襟の形はセミワイド、色は白か水色を選ぶ

ビジネスマンのスーツスタイルにおいては、中に着るシャツもまた他人に与える印象が大きいアイテムです。僕がシャツを選ぶとき、襟の形はセミワイドスプレッドと決めています。セミワイドスプレッドは「イングリッシュスプレッド」とも呼ばれ、オーソドックスなイギリス的スタイルのシャツを象徴する襟型です。

シャツの襟にはさまざまな形がありますが、一般的なシャツに見られる「レギュラーカラー」と呼ばれるものをはじめ、ボタンダウンなどの少しカジュアルなものまで、例を挙げればきりがありません。

最近では、このボタンダウンのシャツをスーツに合わせている人もいますが、ネクタイを締めることを踏まえると、ビジネスシーンにはいささか不釣り合い。

僕は、仕事のときには、たいていやや小ぶりのセミワイドスプレッドのシャツを着ますが、その理由は、流行に左右されず、どのスーツにも自然とハマってく

れるからです。プレーンノットで結んだ七㎝幅のネクタイにも非常にマッチし、ノーネクタイでシャツのボタンを開けたときの見え方もいい。

そしてなにより、僕の顔の大きさに似合うのがこのやや小ぶりのセミワイドスプレッドなのです。

セミワイドスプレッドの襟は適度な大きさがあり、スーツを着たときの全体的なプロポーションを考慮しても、バランスがよくカッコイイ。最近は極端に小さな襟や大きな襟のシャツが増えてきていますが、よりベーシックなものという意味で、このセミワイドスプレッドを選ぶことをおすすめします。

シャツの色は白か水色です。日本人は白シャツが好きだと言われますが、じつは昔から、日本人の黄色い肌の色には白が似合わないとされているのです。

でも、僕が長年シャツを着てきた結論として、シャツは白と水色の二色。極論を言えば、白一色だけでも十分だと考えるに至りました。柄もきわめてベーシックな無地か、選んだとしても繊細なストライプか小ぶりのチェックくらいがビジネス向きです。

ちなみに、水色のシャツはグレーやネイビーのスーツとの相性もよく、コーディネイトがしやすく、顔色を健康的に見せてくれます。靴やネクタイなど、トータルでのバランスを取ることを考えても、水色のシャツは男性の装いには欠かせません。

素材は打ち込みのしっかりしたコットンブロード。これにも第一章のスーツと同様、より丈夫な生地を、という意味があります。イギリスでは「ポプリン」とも呼ばれる生地で、見た目もプレーンな美しいシャツ地です。海島綿《かいとうめん》（シーアイランドコットン）のような良質な高級素材のシャツは見栄えはしますが、毎日着るとなるとすぐに傷んでしまうので、経済的ではありません。ボタンダウンシャツなどでよく使われるオックスフォードも、素材としては丈夫でシワがつきにくい生地ですが、カジュアル感が出てしまいます。

また、これもスーツと同様なのですが、季節に応じて色合いや素材を変えるのもいいでしょう。涼しさや暖かさという機能性ももちろんですが、夏と冬では陽《ひ》射《ざ》しの強さが違うので、光によって色合いなども変わってくるからです。

アームホールは小さめのもの、カフスはラウンドタイプを

これはスーツの章でも言ったことですが、アームホールは小さいものがおすす

めです。ジャケットと違い、シャツはめったなことでは脱がないので、より自分の体型に合った動きやすいものでなければいけないからです。アームホールは大きすぎはダメ。これは袖選びの鉄則とも言えるでしょう。

そして、長袖というのが原則です。とはいえ、日本の真夏は三十五℃を超えることもあります。もちろん、気候に合わせて半袖を選んでもいいのではと思います。仕事をすることが前提にあるため、あまりに暑くて仕事に差し障りが出るようなら、無理やり長袖を着るのはそれこそおかしい。ガマンして汗だくでいるよりも、半袖を着て涼しく過ごすほうが、よほど仕事がはかどるに違いありません。

カフスはラウンドのシングルカフスで、袖と袖口にひとつずつボタンがついているタイプ。これが僕のスタンダードです。カフスカットは、スーツの袖にきれいに収まるように円錐《えんすい》型のものを選ぶこと。ラウンドのシングルカフスはカフスの先端が丸いので、スーツの袖口にも引っかかりにくく、まさにビジネス向きの実用的な形と言えます。

ドレスアップするときは、ダブルカフスのシャツを選び、カフスリンクスを使うのもいい。しかし、手許《てもと》に光りものが多くなれば、そこに相手の目が行ってしまいます。何度も言うようですが、これもビジネスシーンにはやりすぎです。

僕はこのように、シャツはスーツよりさらに実用的な観点で選んでいます。たとえば、シャツに胸のポケットはいらないし、前立てはあってもなくてもどちらでもいいでしょう。前後の身頃の裾のあいだに付けるガゼットなども、丈夫さから言うとあってもかまいませんが、なくても大差はありません。

余計なものや機能を足すよりも、よりベーシックで普通なものを選ぶほうが理にかなっている。まさに、「過ぎたるは猶及ばざるが如し」なのです。

シャツは消耗品だと考えてかまわない

一般の人がビジネス用のシャツを選ぶ際、とくに気をつけてほしい点は、高級すぎないものを選ぶこと。これはブログや記事などにも散々書いてきたことですが、お金持ちでもないのに、三万円以上もするシャツを着る必要はありません。身の丈に合ったもので十分です。

スーツは長く着る前提で選ぶべきですが、シャツは逆に消耗品と考えていいと思います。直接、地肌に触れるものなので、いちばん汚れます。ましてや薄い色だと、汚れも目立つ。どんなにきれいに着ても、長く使えば、当然襟は傷んでしまいます。

高級シャツはたしかにいいものです。イタリアの高級シャツブランドである「フライ（FRAY）」のシャツは一着六万円ぐらいします。着心地もシルエットもやはり最高峰の仕上がりで機能性も間違いありません。しかし、「フライ」の高級シャツが一般の人のビジネスシャツに適しているかといえば、そうは思いません。

そこでおすすめしたいのが、僕が普段から愛用している「カミチャニスタ」や「アルコディオ」「インダスタイル」「スーツカンパニー」。とくにこの「カミチャニスタ」や「アルコディオ」は、高級シャツに見劣りしない本格的なシャツをつくっているにもかかわらず、一着六千円ぐらいとお手頃な価格です。

経済的なワードローブという意味で僕が使う、「エコノミカル・ラグジュアリー（エコラグ）」という造語があります。長く使えるものに対してはお金を投資する一方、消耗品のようなものはコストパフォーマンスを考えて、安くて良質なものを着るということ。わかりやすく言うとメリハリということですが、シャツ選びにはまさにこの哲学が当てはまります。

いいスーツを買ったのであれば、シャツは六千円のものを五枚程度持っていればいいと思うのです。ただし、これはいま世間で言われている「ファストファッション」とはまったくの別物なのでご注意を。ただ安いだけでなく、きちんとつくられたいいものを身につけなければ、何の意味もありません。

本格的なイタリア式なのに低価格を実現

その点、私がおすすめする「カミチャニスタ」の優れている点は、イタリアで培われた妥協のないシャツづくりを生産コストの安い中国に持ち込むことで、一般人でも買えるほどの安価で提供することを実現しているところです。

「カミーチャ」とは「シャツ」を意味するイタリア語で、「カミチャニスタ」とは「シャツを愛する人、シャツが似合う人」という意味の造語。イタリアの技術でつくられているのに多くの人に愛される価格、まさに名前そのままのブランドと言えるでしょう。

現在、「カミチャニスタ」のテクニカルディレクターを務めているのはイタリア人のレオナルド・ブジェッリさんという方で、イタリア仕立ての真髄をきちんと伝えてくれています。ですから「カミチャニスタ」のシャツは、すべて本格的なイタリア式。

袖の仕立てはイタリア高級シャツと同じ「マニカスポスタータ」という、この仕立てはボディと袖を別々につくって縫製するという袖付け技術によるもので、とても難しく手間がかかります。そのほかにも、ボタンの素材に本白蝶貝《ほんしろちょうがい》を使っていたり、肩のラインを美しく見せるスプリットヨークを採用したり、さらには、フィット感を高めるための背中のダーツや、ネクタイが似合うように柔らかくロールした襟など、細かなディテールにまでこだわったシャツをつくっています。

それにもかかわらず、生産コストが安いという理由から六千円という低価格でこのシャツを購入できるというのは、ビジネス用に美しいシャツを着たい一般の人にとっても本当にありがたい話。

私はこういうコストパフォーマンスのいいシャツをもう何年も着ていますが、白のセミワイドシャツだけで十枚以上は持っています。

シャツのルーツは男女共用の下着だった

シャツは消耗品であるという僕の考えは、シャツが下着であるということが意識の根底にあるからかもしれません。

シャツというのは、いまでこそVゾーンをエレガントに飾る重要なファッションアイテムのひとつとされていますが、そのルーツはまさに男女共用の下着でした。前と後ろの身頃が垂れ下がったテールドボトムが一般的なことから、シャツが下着であったことを知る人も多いでしょうが、いちばん下のボタンが余っているのは、下着だったことの名残とも言われ、現在ではこのボタンは予備として用いられています。

ですから僕は、シャツの下にTシャツやタンクトップなどの下着はいっさい着ません。下着であるという考えからでもありますが、シャツから下着が透けて見えることほどカッコ悪いことはない、と思っているからです。

ただ、素肌に着たとしても、シャツがぴったりとしすぎてしまうと、今度は肌そのものが透けてしまいます。逆にダボダボしてしまっても、スーツを着たときに中で余りすぎて、せっかくいいスーツを着ても着心地が悪くなります。

つまり、シャツもきちんと自分に合ったサイズを選ぶことが大切で、大きすぎたり小さすぎたりしない、ちょうどいいサイズのものを着ること。それも、「過ぎたるは猶及ばざるが如し」。美しくシャツを着るということにつながるのです。

クリーニングの仕上げは、畳まずにハンガー仕上げで

ビジネス用のシャツは、家庭用洗濯機で洗えないわけではありませんが、それなりの技術と手間が必要なうえ、パリッとした清涼感を保つのはとてもたいへんです。であれば、洗濯のプロであるクリーニング屋さんに頼むほうが手っ取り早いでしょう。

しかし、町のクリーニング屋さんの技術にはムラがあることも多く、なるべく上手なお店をリサーチすることが必要です。そこで僕がよく言うのは、クリーニング屋さんも教育しなくてはダメということ。いくら上手なクリーニング屋さんでも、「こうしてほしい！」ときちんと伝えなくては、なかなか美しい仕上がりにはなりません。

僕の場合、「カフスに折り目を入れないでほしい」「全面に糊《のり》づけするのではなく、自然な仕上がりにしてほしい」、あとは「折り曲げないでほしい」と必ず言うようにしています。こうやって何度も同じクリーニング屋さんに頼んでいれば、いちいち細かな要望を伝えなくても、自然とそのとおりに仕上げてくれるようになっていきます。

ちなみにこの「折り曲げないでほしい」というのは、仕上がり後に畳んだ状態ではなく、ハンガーで吊るした状態で戻してほしいということで、これはシャツを収納するときも同じです。全部ハンガーに吊るしてクローゼットに掛けておき、着るときは必ずアイロンをかけ直してから、ビシッとした状態で着るようにしています。

僕はこういう職業なので、とくに美しく見えるようにと心がけてやっていますが、一般的には、シャツ一枚にそこまでの労力をかけられないという人が大多数でしょう。そういう人にはいま話題の、ポリエステル混紡などの形状記憶、形態安定のシャツでも、問題ないと思います。

ただ、天然素材のシャツとは違い、化学繊維ならではの光沢感などが出る場合もあります。この化学繊維特有のつくられた白さや光沢感は、美容整形と同じで不自然な美しさであり、ナチュラルなものではありません。そうならないように、生地の配合率などに十分注意して、より自然に見えるものを選ぶことを心がけてください。

これはシャツだけではなく、ほかのものにも言えることですが、洋服には見た目の美しさを求めるのではなく、あくまでも自然に見えるナチュラルな美しさを求めることが大切です。そして、やはり本当に人に見せるべきなのは、着ている洋服ではなく、中身であり自分自身なのです。

わが愛《いと》しのファッショニスタ

世界のファッション業界のトップたち

僕は二十歳で出版業界に入り、『MA-1』『モノ・マガジン』『エスクァイア日本版』をはじめ、『LEON』『OCEANS』など、これまで多くのファッション雑誌に携わり、編集者として、いろいろな場所で、いろいろな人たちの話を聞くことができました。

これまで編集者として、自分も成長しながらさまざまな情報を伝えてきたつもりでした。それは現在も『FORZA STYLE』という講談社のウェブマガジンの編集長をしているので、そのスタンスは変わらず、常に同じです。もしかしたら成長過程のうちには、間違ったことを伝えたこともあったかもしれません。

そのなかで僕もそれなりに成長し、少しずつ本当にいいものがわかるようになってきました。これからは、そういった本当にいいものを伝えていきたいと、強く思うようになったのです。

雑誌の編集者とは得な職業で、名刺を渡すだけで何者であるかを示すことができ、会いたい人に会って話を聞くことができます。僕も名刺一枚で世界のファッション業界のトップたちと話し、彼らの哲学を聞くことができました。

たとえば、トム・フォード氏、ジョルジオ・アルマーニ氏、ラルフ・ローレン氏。みなさん本当にいろいろな考えをお持ちで、そういった人たちにさまざまな哲学を聞くことができた経験が、いまの僕の核になっているのだと思います。

なかでもやはり、「はじめに」でも名前を挙げたイタリアの老舗生地メーカーのトップである、ロロ・ピアーナのご兄弟というのは、本当に素敵な人たちだと思っています。お兄さんのセルジオ・ロロ・ピアーナさんは残念ながら、二〇一三年に他界されてしまいましたが、弟さんのピエール・ルイジ・ロロ・ピアーナさんとは、現在でも師と愛弟子《まなでし》のような関係を築かせてもらい、彼を「師」と仰ぎ尊敬しています。

それは彼の服装が単純に素敵であるというだけではなく、生き方そのものが僕の哲学の根幹になっている、本当に素晴らしい人なのです。

「どこの洋服を着ていると言わなくても、その人と同じ感覚を共有できる」

「ロロ・ピアーナ」は日本人全員が知っているブランドではありませんが、ファッションに精通している人ならば誰もが知っている老舗ブランド。高級ウールや高級カシミアに関しては、間違いなく世界のトップと言えるでしょう。ラグジュアリーブランドとしてのアイテムもいいものばかりで、世界のセレブたちから広く愛されていますが、服地素材メーカーとしても上質な生地を生産しているので、日本のテーラーでも生地を扱うお店が多くあります。

僕が言っている「エコノミカル・ラグジュアリー（エコラグ）」の考え方で言えば、いいものを持つという意味のほうで、「ロロ・ピアーナ」は人生で一度は手にしてもらいたいブランドのひとつです。

長年、ロロ・ピアーナ家による一族経営が続いていましたが、二〇一三年にＬＶＭＨ（モエヘネシー・ルイヴィトン）グループの傘下に入り、現在は六代目のピエール・ルイジ・ロロ・ピアーナさんが副会長として舵《かじ》を取っています。

僕も記事などで「ロロ・ピアーナ」のアイテムをよく紹介していますが、カシミア素材のものを中心に、本当に上質なものが多い。それは「ロロ・ピアーナ」というブランドが、昔からずっと上質な顧客が求める良質なものをつくろうという企業努力を続けているからで、そういうブランドは世界的に見ても稀な存在です。

カシミアやウールについて言えば、よりいいものをつくり出すために、生産背景までも徹底管理しています。ただカシミアや上質なウールを使うのではなく、カシミアやメリノウールを生み出すヤギや羊、その羊を育てる人間の生活にまで気を配っているのです。そういうブランドや服地メーカーは、ほかには見当たりません。

以前、僕がインタビューをさせていただいたときにも、「エレベーターに乗ってきた瞬間に、どこの洋服を着ていると言わなくても、その人と同じ感覚を共有できる。それが『ロロ・ピアーナ』だ」とおっしゃっていました。デザイン性などの流行でもなく、ブランドロゴなどでもない。言葉を交わさなくてもその人のスタイルや目を見れば、本物の男かどうかなんてすぐにわかる。「ロロ・ピアーナ」というブランドは、そういうブランドなのです。

弟であるピエール・ルイジ・ロロ・ピアーナさんはヨットが趣味で、自身が所有する「マイ・ソング号」という大型ヨットで、レースにも参戦するほどです。しかも自分で操縦し、舵を取りながらクルーにすべての指示を出しているのだからスゴい。僕は取材などをとおして、何度かヨットレースにご一緒させてもらったことがあります。ネイビーブルーのポロシャツに白いカーゴショーツ、ベージュスエードのスニーカーというスタイルで、大海原を突き進んでいく姿は本当にカッコイイのです。

僕は彼に、「なぜこのようなヨットレースに興味を持つのか？」と聞いたことがあります。すると彼は、「大海原を走っていくのは、ヨットもビジネスも同じ。大きな波は来るし、強い風も吹く。陽射しが強い日もあれば、ときには夜になることもある。そういういろんな状況が現れる。そんななかでどう舵を取っていくかが、トップの役目なのです」とおっしゃっていました。つまり趣味でヨットを楽しむだけでなく、それをビジネスに置き換えて自分の生き方の哲学にされているのです。

彼がヨットの上で身に着けているものも、「ロロ・ピアーナ」が普段から扱っている天然素材を使用し、実際に何度もヨットの上で使ってみることで完成された洋服です。ポロシャツにしても、陽射しを遮る襟の高さや、波をかぶっても汗をかいても大丈夫な素材にしている。そういうリアリティのなかで生まれた機能に裏打ちされたものだからこそ、カッコイイアイテムになっているのです。デザイン性などの表面的な部分ではなく、シンプルだが本当に使える、そういうモノづくりにつながっているのだと感じました。

僕が彼から学んだことは、「すべてのことに対して何が重要なのか」という本質を見抜くことの大切さ、自分のスタイルを貫きつつも状況に応じて進化させていく大きさ、みたいなものだと思います。彼はそういう、男としての核をしっかり持っているのです。

ロロ・ピアーナさんは、「エレガントとは絵になること。絵になるとは自然の風景に馴染むこと。目立つことは決してエレガントではない。周りの人に快適だと感じさせ、TPPO（タイム・プレイス・パーソン・オケージョン）を知り、馴染むことが大切だ」とおっしゃっていましたが、まさにそれが本質であり、すべてのことに共通する哲学。本書で僕が伝えたいことでもあるのです。

心の豊かさこそ人生における大切な財産である

本書の冒頭で、僕が出会った素晴らしい人としてロロ・ピアーナさんご兄弟と、「トッズ」の会長であるディエゴ・デッラ・ヴァッレさんの三人の名前を挙げさせていただきましたが、彼らは、「素敵だと思う人は?」と聞かれたときに必ず名前を挙げる三人です。センスがいいという点からも、間違いなく世界のトップに入る人たちです。

ディエゴ・デッラ・ヴァッレさんのカプリ島にあるご自宅にお邪魔した際には、その人柄、ライフスタイル、趣味のすべてがカッコよく、本当に感動しました。世界のトップリーダーというのはかくあるべしという姿を、見せつけられたのです。

スーツスタイルをより美しく、バランスよく見せるためには、自分の中身の部分を磨かなければなりません。日本人は見た目ばかりを気にする傾向にあり、変にダイエットをしたり、白髪を染めたりする人も多いのですが、世界のトップは自然な装いで十分素敵です。物質的な豊かさではなく、心の豊かさこそ人生における大切な財産だということを、彼らは僕に教えてくれました。

一般の人が必ずしも彼らのような生き方をしなければいけないとは思いませんが、大人の男性として、少しずつめざしていける部分はあります。僕も、ロロ・ピアーナさんやディエゴ・デッラ・ヴァッレさんたちのような成熟した素敵な大人になっていきたいと常に思っているのです。

第三章

コート

スーツ以上にコートは他人に与える印象が大きい

寒い日や雨の日にやせ我慢してコートを着ないのはナンセンス。最低でも一着はスーツ用のコートを持っているべきです。ただ最近、日本のビジネスシーンでは、フォーマルなコートではなく、カジュアルなコートを着ている人を多く見かけますが、スーツの上にカジュアルなコートでは、美しい装いとは言えません。

じつはコートは、場合によってはスーツ以上に他人に与える印象の大きなアイテムでもあります。いちばん表面積が大きなアイテムという理由もありますが、身に着けるもののなかで唯一、人に渡すシーンがあるからです。

ホテルやレストランでの食事の際、クロークルームにコートを預けます。そのとき、どんなにいいスーツを着ていても、ペラペラのカジュアルなコートを預けた時点で、自分の評価を下げてしまいます。他人はそういうところを必ず見ているものです。

逆に言えば、いいコートを預けることはプレゼンテーションにもなります。預けられた相手は触ったときの素材感、縫製、もしくはチラリと見えるブランドのタグなどで、そのコートがいいものかどうかすぐにわかるでしょう。それだけで大きな信頼を得られるのならば、こんなに効率的なプレゼンテーションはありません。

だから当然、きちんとしたアイテムを選ばなければなりません。しかし、「過ぎたるは猶及ばざるが如し」を忘れないこと。全体のバランスを考慮し、自分自身がフォーカスされるものを選ぶことは、コート選びでも重要なのです。

季節に合わせて使い分ける

どんなアイテムでもそうですが、コートの場合も基本は、その季節に合ったものを選ぶということがポイントです。春と秋、冬で使い分けるといいでしょう。

まず、春ならスプリングコートがあるといいでしょう。素材は薄手のナイロンなどで、ちょっとストレッチが入っていたり、シワになりにくいものを選ぶと使いやすいですね。小さく丸めて出張に持っていけば、肌寒いと感じたときに羽織れます。

「スプリングコート」と呼ばれてはいますが、春と秋の両シーズンで使えますから、機能性は高いほうがよく、雨に強いことや通気性がいいことなども、選ぶときのポイントにするといいでしょう。

スプリングコートであれば、チェスターフィールドコートや、「バルマカーン」などとも呼ばれるステンカラーコートなどが合わせやすく、スーツの上に着ることを考えれば、色はグレーかネイビー、もしくは黒でも問題ないでしょう。

一方、冬はカシミア素材がベスト。カシミアのコートは高額だという人は、ウールでも問題ありませんが、僕は断然カシミアのものをおすすめしたい。たしかにカシミアのコートは高額ですが、逆にそのおかげで大切に扱うはずですし、上質なコートを着ているという感覚が、自然と着ている人の歩き方を優雅に見せ、足さばきを美しくします。それになんといってもカシミアは軽くて暖かいのです。

僕の場合、カシミアのコートを基本として、色はキャメル、ネイビー、グレー、あとはフォーマル用に黒の四色を着まわしています。四色を着まわす理由は、靴などの細かいアイテムに対応して、それぞれに合う色のコートを選べるようにしているためですが、どれか一着ということであれば、ネイビーもしくはグレーのどちらかを持っていればいいでしょう。

コートの種類でいえば、スーツに合わせることを考えると、チェスターフィールドコートやテーラードコートがおすすめです。

チェスターフィールドコートは「チェスターコート」と呼ばれることもありますが、コートのなかではいちばんベーシックで格式が高いとされ、細身のシルエットとノッチドラペルが特徴です。少しクラシックな雰囲気もありますが、最近のものはバリエーションも多く、ビジネスだけでなくカジュアルの普段使いもできます。

しっかりと裏地が付いている暖かいものであれば、ステンカラーコートでも問題ないとは思いますが、カシミアやウールのものをと考えると、最初の一着はネイビーのチェスターフィールドコートにすると、非常に使い勝手がいいでしょう。

そのほか、コートにもさまざまなデザインがあり、ビジネス用に適したものも多数あります。コートはスーツとは違い、美しく見せる装いというよりも防寒着という役割がかなり大きいので、状況に応じてデザインや素材を変えることも問題なし。

雨の日にはステンカラーを着ればいいし、それが大雪になり極寒であればダウンコートでもいいでしょう。しかし、美しいスタイルを保ちたいと思うのであれば、ただ着るというだけではなく、できるだけ自分のスーツスタイルに合うものを着てほしいものです。

ちなみに、コートを購入する予算は、十万円から二十万円程度が目安です。本当にいいものであれば、最低でも十五万円はすると考えてもらってかまいません。カシミアのものであれば、それくらいは当然します。

ただ、そこまで出せないという人がいるのは当たり前で、コートは防寒着であるということと、身分相応のものをということを忘れずに。少しでも安価で良質なものを選ぶのは、間違った選択ではないでしょう。

そういう場合は、セレクトショップなどで素直に予算を伝えれば、最適なコートを出してきてくれるはずです。最初はムリせず、自分の予算で購入できる範囲のものを選べばいいと思います。

トレンチコートは顔を選ぶ、ピーコートはカジュアル

日本人にお馴染みのコートとして、トレンチコートやピーコートを着ている人

も多いのではないでしょうか。

まずトレンチコートについてですが、僕の持論では、トレンチコートは顔を選ぶコートだと思っています。あまりに昭和っぽい顔や、男くさすぎる顔の人がトレンチコートを着ると、『ルパン三世』の銭形警部や『西部警察』の大門のように見えてしまうからです。

なぜ、そうなってしまうのかと言うと、トレンチコートはイギリス軍が第一次世界大戦の塹壕《ざんごう》のなかで着ていたものが原型であるため、素材は防水性の高いギャバジンであったり、手榴弾《しゅりゅうだん》を吊るすためのDカンや、勲章用のストラップが残っていたりと、コートそのものが男っぽいつくりになっています。

こういういかにも男くさいコートを、あまりに男くさい顔の人が着ると、それこそ「過ぎたるは猶及ばざるが如し」で、まさに男くさすぎてしまうのです。

自分の顔がやさしいほうだと思われる人は、トレンチコートを着てもいいでしょう。コートの男くささとバランスを取るという意味では、トレンチコートは女性のほうが似合うのかもしれません。それでもトレンチコートを着たいという人がいるならば、定番のベージュではなく、黒やネイビーのものを選んで、都会的なイメージに見せるのもひとつの手です。

そして、もうひとつのピーコートですが、ビジネスと普段使いの兼用として愛用している人も多いかもしれません。ひと昔前は、ピーコートは学生が制服の上に着るものというくらいの認識でしたが、いまではさまざまなデザイン、価格帯のものが、いろんなブランドから登場しています。ネイビーならデニムスタイルにもよく合い、使いやすいので、もはや学生専用というイメージはなくなり、広く一般的に使われるようになりました。

ピーコートの「ピー」とはオランダ語で厚地の織物、ラシャ（pij）が語源であり、これもイギリス海軍が着ていた軍用コートが原型です。本来は船の甲板という厳しい環境下で着ることが目的であるため、素材はハードなメルトンが基本。万が一ボタンが破損しても、逆前合わせにして着ることができるようにと、ダブルになっています。となると、ビジネスシーンに置き換えたときにそこまで過酷な環境はありえないので、ピーコートは不釣り合い。仕事ができる世界のエリートが、スーツスタイルにピーコートを着ているかといえば、それは絶対にありえません。ただ、前述のようにピーコートも進化してきているので、ビジネスに合うように現代的に変えてつくられているロング丈のピーコートなどであれば、ビジネスシーンでも問題ないかもしれません。

膝丈コートは安定感も失わないし、使い勝手がいい

コートの丈については、先ほどのピーコートで言えば丈が短いことも特徴ですが、そのほかのコートについても、カジュアル用のダッフルコートにしても、ビジネス用のステンカラーコートにしても、ここ数年は短めの丈のほうがバランスがいいという流れになっています。

しかし、スーツ用に着るコートで、スーツのジャケットよりも短い丈のものはナンセンス。では、ジャケットが隠れてさえいればいいのかと言えば、短すぎる丈のコートは安定感がなくなり、やはり美しいとは言えません。いいものを長く着るという観点から言っても、短い丈がいいという流れに乗ってしまうのは危険です。

僕は、コートというのはある程度長さがあっていいと思っています。たとえば、もっとも長いという意味の「マキシマム」という言葉の略からきた「マキシ丈」と呼ばれるロングコートは、足のくるぶしくらいまでの長さがあり、安定感が出てエレガントに見えます。ですから、スーツスタイルのみで考えるのであればア

リです。

ただ、高額なコートを何着も買うというのは難しく、使い勝手という意味で考えたとき、マキシ丈コートはジーンズと組み合わせては使えません。コートはビジネス用としてのエレガントさと、カジュアルシーンでも使える使い勝手を考えて選んだほうが、ムダがありません。

そう考えると、四分の三丈とも言われる膝丈のコートを選ぶのが、ちょうどいいでしょう。膝丈程度であれば安定感も失わないし、ネイビーもしくはグレーのチェスターフィールドコートならば、ジーンズにもよく似合って便利なのです。

オススメはネイビーのポロコート

僕のワードローブのなかでいちばん活躍しているコートは、じつはキャメルのポロコートです。

キャメルという色は上級者向けというイメージがあるかもしれませんが、グレーのスーツにもネイビーのスーツにも合うだけでなく、ジャケット・パンツスタイルにもマッチします。そして、スーツと合わせればそれなりに上品に見せてくれる色です。黒のタキシードでも使ってしまえる便利さを、併せ持っています。

ポロコートとは、その名のとおりポロ競技の選手たちが競技の合間や観戦時に羽織っていたコートのため、クラシックなチェスターフィールドコートよりもスポーティなイメージがあります。しかし、ポロはご存じのとおりイギリス紳士のスポーツ。つまり、しっかりとエレガントさも兼ね備えているオールラウンドなコートでもあるのです。ディテールの特徴としても、バックベルトでウエストが絞られていたり、袖口がターンナップされているなど、どこかスポーティさが残っているので、そこが逆にカジュアルなスタイルにも合う要因になっています。

僕はカシミアのキャメルのポロコートをもう二十年近く着ていますが、いまでもこれをいちばんよく使っています。こうしたアイテムは、それだけデザインが古びないということもあるのです。一般のビジネスマンが選ぶのであれば、ネイビーのポロコートなどを選べば、僕のように長く愛用できる便利な一着となってくれるはずです。

では、一般のビジネスマン向けに考えたときにオススメのブランドは何かといえば、イタリアの「ヘルノ（Herno）」や「ムーレー（Moorer）」が使いやすいでしょう。どちらのブランドもカシミアで、エレガントというよりは機能的なものが多いブランドなので、選びやすいはずです。「ビームス」のオリジナルのコートもおすすめです。あとは、最近、安価なプライスコートをオーダーできる場所も増えてきているので、たとえば「タカシマヤ　スタイルオーダー　サロン」でオーダーするのもおすすめです。

そのほかには、「マッキントッシュ（MACKINTOSH）」もいいと思います。イギリスの老舗ブランドという格式がありつつ、新しい試みで豊富なバリエーションがあることも魅力でしょう。「マッキントッシュ」で僕がおすすめするならば、イギリスの靴ブランドである「チャーチ（Church's）」とダブルネームでつくったステンカラーコート。ほかにも「ロロ・ピアーナ」のストームシステムという機能性素材を使った軽量ウールのコートなどもあるので、ショップを覗《のぞ》いてみてください。

いいものを長く着るには、収納方法にも気をつけたい

コートも当然、メンテナンスしなければ、すぐに傷んでしまいます。まして、寒い冬場は毎日着るのに対し、湿気の多い夏場はクローゼットに掛けたままのた

め、毎日の手入れはもちろんですが、保管方法も重要になってきます。

カシミアやウールなどの天然素材は、水に弱いもの。とくにカシミアは、滑らかさが失われてしまったり、すぐにシミになってしまう繊細な素材です。そのため、雨の日や天候が崩れそうな日に着ていくことはあまりおすすめできません。

もし急な雨に降られたり、コーヒーか何かをこぼしてしまった場合は、すぐに乾いたタオルやコットンで水分を取るなどして、風通しのいい場所で自然乾燥させるといいでしょう。

シーズンオフになったからといって、適当なクリーニング屋さんに出すのもダメ。カシミアの扱いを熟知した専門のクリーニング屋さんならかまいませんが、町のクリーニング屋さんではせっかくのいいコートを台なしにしてしまう恐れもあるので、注意が必要です。

ナイロン製のスプリングコートなども同様ですが、襟ぐりの部分は汚れやすいので、帰宅したら必ず汚れを落とすこと。ナイロンなどの化学繊維のものならば、固く絞ったタオルで拭き取ればきれいになるので、しっかり拭き取ってから自然乾燥させるという簡単な手入れだけでも、心がけておくといいでしょう。

クローゼットに収納しておく場合も、ホコリが溜《た》まらないようにしましょう。

あとは日が当たらない風通しのいいところに、きちんとハンガーに掛けて保管しておくのがベスト。完全に汚れを落としたつもりでも、クローゼットのいちばん奥でカビが生えている……なんてことがないよう、いいものを長く着るという意識を忘れずに、収納方法もある程度は気をつけておくことが大切です。

スタイルの基本と身だしなみ

洋服を着る前に、まず中身を磨くことが大切

これこそ、本質的で根本的な話になってしまいますが、洋服を着る前の中身がカッコよくなければ、美しいスタイルは決して完成しません。

それは、美男子であるということではなく、いくらいいスーツやジャケット、シャツを着ていても、手を出したときに爪が汚かったり、笑った瞬間に口から覗く歯がなかったり汚かったり……という状態であれば、それは洋服を着る以前の身だしなみの問題です。

これは男性だけでなく女性にも言えることですが、肌質、髪質、髪型、爪、歯、香りなど、そういう中身に関する部分を健康的に保ち、磨くことが大切なのです。

健康的な肉体をつくる、維持するという面で、きちんとバランスの取れた食事を摂《と》ることや、十分な睡眠を取ること、生活のリズムを正すという根本的な部分が、それこそスタイルすべての根本につながっているのです。

現在のビジネスシーンでは、髪型に関しての常識がかなりゆるくなっています。髪型に関しても欧米化の流れが進み、髪の色を明るくしたり、髪の毛を伸ばしたりしていても、さほど会社から注意されなくなりました。

ただ、ビジネスマンが派手な髪型をしていては、スーツを着ていても普通のビジネスマンには見えませんし、逆にピッチリと七三分けにしてTシャツにジーンズというラフな格好をするのも、オカシイものです。

つまり、髪型というのは人をイメージさせるうえでとても重要な要素であり、その人のスタイルは髪型で決まると言っても過言ではありません。髪型がそれなりでなかったら、どんなに仕事ができても評価を下げてしまうこともあるのです。

ビジネスシーンに合う髪型という話の前に、まずは髪質をよくしておくこと。繰り返しになってしまいますが、爪や歯と同様で、健康的であるために、きちんとした生活リズムを保ち、ヘアケアを怠らないことが大切です。

毎日洗髪するのが当たり前ですが、髪を洗う場合はヘアマッサージもする。髪が長ければ、濡《ぬ》れた髪をタオルで拭くだけではなく、ドライヤーを使ってきちんと乾かすことも重要です。食べるものにしても、いいものばかり食べていてはダメ。頭皮の脂分が多くなり、抜け毛の原因になってしまいます。

男性は女性に比べ、髪の毛の手入れをすることを怠る傾向にありますが、最低限のヘアケアをしておくことも絶対に必要です。髪型よりまずは髪質。同じ髪型をしていても、年齢は髪質に出てくるもの。逆に髪質がよければ、バリバリ仕事ができるエネルギッシュな男性に見られることでしょう。

では、具体的に髪型を決める際に気をつけるポイントはどこにあるのか？

これは僕の記事などでも言っていることですが、四十代の大人の男性が意識すべき髪型として、スーツスタイル、タキシードなどのフォーマルスタイル、カジュアルなジーンズスタイル、そして水着が似合う髪型をするといいと思っています。

四十代とは人生の中間。ファッションも中間がちょうどいいという考え方で、カジュアルすぎもせず、クラシックすぎもしない。まさに「過ぎたるは猶及ばざるが如し」です。適度な清涼感は必要ですが、ビジネスシーンでの威厳もなければいけません。そういう要素を意識して髪型を決めるといいでしょう。

水着に似合う髪型というのは、普段はきちんとしたビジネスマンなのに、プールサイドでは濡れた髪がボサボサに。そのギャップが女性の心をくすぐるセクシーさを出すという、僕の遊び心的発想。普段は見せないそういう姿を持っておくと、男としての深みは増すはずです。

少し話が逸《そ》れてしまいましたが、ビジネスマンなら、スーツスタイルに似合う髪型が基本中の基本です。ただ、ビジネスシーンのスーツに合うということを意識しすぎるのではなく、ある程度の応用性を持った髪型にしておくというのも大切だということなのです。

髪型を決めるのは、洋服選びによく似ている

具体的な髪型を決めていくにはまず、自分がどんな顔をしているのか、どんな顔の大きさなのかを知る必要があります。日本人の顔は欧米人に比べて平面的であるため、洋服が似合いづらく、また彼らのような髪型も似合わないことが多いのです。ですから、その平面的な顔をいかに立体的に見せるのかを考えてオーダーするといいでしょう。

また髪の毛というのは人それぞれ違います。柔らかいのか硬いのか、茶色いのか黒いのか、多いのか少ないのか、クセがあるのかないのか。そういった質感だけでなく、生え際の位置や額の広さ、もみあげの形など、個人差が大きいため、この髪型がいいという正解は、いろいろと試してみなければわからないのです。

つまり、自分の骨格や顔のバランス、髪の毛の質というものを理解し、研

究しなければなりません。そのためには、ヘアサンプルをよく見ること。自分に似合う髪型の情報を少しずつアップデートしていく必要があるのです。

僕は仕事上、髪を切りに行く頻度は一般のビジネスマンよりも高いですが、その際はよく、自分がしてほしい髪型を説明するためにイラストを描いていきます。そうやってきちんとイメージを伝えなければ、せっかく研究した成果を試すことはできません。もちろん、美容師も信頼できる人のほうがいい。僕のように、普段はどんな洋服を着たいとか、どんな格好をする予定だとか、自分の趣味や趣向を伝えておけば、美容師が髪を切る際にイメージしやすいもの。そうやって常連になれば、多くを伝えなくても、したい髪型をすぐに理解して、それを形にしてくれるようになるでしょう。僕が編集長を務める『FORZA STYLE』やYouTubeなどに、大人におすすめのヘアスタイルのつくり方動画も出していますので、参考にしていただければと思います。

まとめると、まずは自分のことをよく知ること。そして、多くのサンプルを見て似合う髪型を研究すること。それを信頼できる美容師に伝えること。そういう部分では髪型ひとつ決めるのも、洋服の選び方によく似ています。

いかに自然体に見えるように工夫するか

髪型、髪型とばかり言っていますが、すでに髪の毛がないという人もいるはず。じつは私も、先日行ったヘッドスパで受けた頭皮チェックで、将来は八〇%の確率でハゲるという恐怖の診断を受けてしまったのですが、そういう悩みを持つ男性も少なくないでしょう。

最近あまり見かけなくなりましたが、頭頂部がハゲてしまったのに、それを隠そうとサイドの部分から髪の毛を持ってくる、いわゆるバーコードヘアのような髪型は、正直カッコ悪い。ムリに誤魔化したり、若づくりしようとせずに、いかに自然体でいるかというのも、大人の男性の魅力につながると思うのです。これは髪型だけでなく、体型についても同じことで、ハゲているからカッコ悪いわけではないし、太っているからでもない。カッコ悪さを出してしまっているのは、それを誤魔化そうと足掻《あが》いている自分なのです。

身体的なことは努力では直らない。抜けてしまった髪の毛が生えてくることはもうないのだという事実を、まずはきちんと受け入れなければいけません。そのうえで、髪が薄くなってきたならば育毛に励むのもいい。もう髪がほとんどないなら、潔く短く切ってしまうのもいい。太っているのならば、力強いキャラクターをつくってカッコよく見せればいい。整形手術をすればとまでは言いませんが、そういった自分の欠点をいかに自然体に見せるか、工夫する必要があるというだけなのです。

これは簡単なテクニックのひとつですが、髪の薄い人がそれをぼかすやり方として、肌の色と髪の色のコントラストを弱めるという方法があります。それは髪を短くして軽く日焼けをすること。適度な日焼けならば、健康的に見せてくれる効果もあります。髪の色と肌の色を近づけるという点では、体毛が濃い人も日焼けをすれば、毛自体に目が行かなくなる効果もあるのです。

自分の欠点から逃げるのではなく、きちんと向き合っていく姿勢も、カッコイイスタイルづくりには必須なのかもしれません。

第四章

シューズ

安易に考えてはいけない靴選び

「お洒落は足元から」という言葉があるように、スーツスタイルの着こなしは、履いている靴で大きく変わります。いくらいいスーツを着ていても、足元がアンバランスでは台なしになってしまいます。

家のなかで靴を脱いで生活する日本人には馴染みがないかもしれませんが、「靴は身体の一部」という考え方がインターナショナルスタンダードです。靴は足を保護し、大地を踏みしめる身体の一部だという考え方ですから、安易に靴を選んではいけません。

イギリスでは社会人になると、スーツよりも先に高価な革靴を購入するのですが、これは身だしなみを整えるために、靴がいかに大切な役割を果たすかを示しているエピソードです。ですから日本人も、毎日のように履く靴には、もう少しこだわりを持つべきだと思います。

では、靴を選ぶ際はどんなことに気をつけるべきなのか？　そこでまず重要となるのが、自分にとってのいい靴とは何か、を考えることです。

デスクワークと外回りとでは、仕事をする環境が異なります。ですから、選ぶべき靴が変わるのは当然。いろいろな場所に出向く営業職なら歩きやすく、耐久性のある靴を選んだほうがいいに決まっています。

たとえば、革靴の靴ひもを通す穴の部分を「羽根」と呼びますが、羽根の部分が甲とつながって一体化しているものは内羽根式、甲の上に羽根が乗っているものは外羽根式と分類されています。外羽根式は内羽根と比べて動きやすいので、外回りが多い営業職には「いい靴」です。

また、コンクリートやアスファルト上の移動、雨の日などを考慮すれば、ソールはレザーよりもラバーのほうがいい。このようにビジネスシーンでも、履くべき靴は千差万別。「自分のライフスタイルにとってのいい靴」を考えることが肝心で、そのうえで履きやすく、スーツやジャケットに似合うエレガントな靴を選択するのが理想だと思うのです。

どこにでも履いていける靴の条件とは？

スーツにフィットする革靴は、どんなフォーマルな場にも対応できるストレートチップのタイプが基本です。黒のストレートチップなら多くのスーツスタイルに合い、どんなシーンにでも履いていけます。

ちなみに、革靴は足元を引き締めるためにスーツより濃い色を選ぶのがセオリー。黒の革靴は礼装を含めてどこにでも履いていけますが、オーソドックスすぎて、ときとして堅苦しい印象を与えてしまう場合も。そういうときは、ネイビーのスーツには濃い茶の革靴を合わせるなど、シーンによって使い分ける意識を持つといいでしょう。

そのほかに意識してほしいのが、足や裾幅に対しての革靴の大きさです。よく裾幅がすごく細いスーツを着ているのに、華奢《きゃしゃ》な革靴を履いている人がいますが、全体として見ると安定感に欠けてしまいます。やはり、スーツとのバランスは安定感が必要です。

スーツに対する革靴の幅というのは見逃しやすい視点で、丸すぎたり細すぎたりするのはバランスが悪い。これも「過ぎたるは猶及ばざるが如し」です。僕が考えるに、スーツにはエッグトゥのつま先が美しいと思うので、トゥが丸すぎる「トリッカーズ（Tricker's）」のような靴は、じつはビジネスシーンではあまりカッコよく思えません。「トリッカーズ」はカントリーサイドで履く靴です。

靴はスーツやジャケットなどと異なり、基本的なデザインが変わることがありません。そういう意味では、ビジネスマンにはベーシックな革靴がいいでしょう。具体的に言うと「ジョンロブ（John Lobb）」「エドワードグリーン（Edward Green）」「チャーチ」「クロケット&ジョーンズ（Crockett&Jones）」「オールデン（Alden）」は、世界中で認められているブランドであり、どこにでも履いていけると思います。

そのほかでは、僕が最近履いている「ブルネロ　クチネリ（Brunello Cucinelli）」もおすすめです。僕のものはアンティーク家具のような深みのある茶色なので、季節を問わずエレガントさを醸し出しながら履くことができます。

「ブルネロ　クチネリ」は非常に軽く、履き心地が快適なのも魅力です。僕も取材や撮影で長時間歩くことが多いのですが、外回りの多いビジネスマンにとって、もっとも重要なのは履き心地だと思います。

さらにこの靴はソールの貼り替えができるタイプなので、しっかりとメンテナンスをすることで長く履ける「エコノミカル・ラグジュアリー（エコラグ）」な革靴でもあります。どんなにいい靴でも、履きやすくて長くつき合えないと意味がありません。

ちなみに僕は、デザイナーの坪内浩さんと「ＷＨ（ダブルエイチ）」という革靴のブランドを展開しています。「ＷＨ」はインターナショナルスタンダードであることをコンセプトに、世界のビジネスマンが履きやすく、エレガントでカッコイイスーツやジャケパンのスタイルに似合う靴をめざしたブランドです。

軽くて履き心地をよくするために、スニーカー発想でつくり上げたドレスシューズというアプローチから、中敷きにカップインソールを入れて足当たりのよさを高める工夫を施しています。

素材はフランスの皮革メーカー「アノネイ」社の厳選したボックスカーフを採用しているので、耐久性もあります。坪内氏の普遍的で美しいエッグトゥのデザインは、スーツやジャケットのほかにも、ジーンズやショーツなどに合わせて、オールマイティに使えるはずです。

靴の価格はクオリティを正確に反映する

靴はスーツやジャケットとは違い、基本的なデザインが変わらないという話はしましたが、トレンドがなく長く使えるアイテムであるぶん、多少値が張ってもできるだけいいものを買うべきだと僕は思います。

靴の価格はクオリティを正確に反映するので、丁寧につくられた上質な革靴はそれなりの値段がします。つまり、安価な靴はそれだけ品質が落ちるので、快適な歩行を得たいのであれば、最低でも五万円くらいの予算は用意したいところです。

しかし、限られた予算でスーツスタイルに必要なアイテムを揃えるとなると、スーツに予算の大部分を使うと考えるのは必然。そういう場合はなるべく安価でいいものを探すことも大切となるでしょう。

ただ、素敵なスーツスタイルを完成させるには、靴も重要なアイテムのひとつです。つまり、いいスーツだけを買って満足するのではなく、コートでも靴でも、いいものを焦らずひとつずつ揃えていけばいいのです。

まずは自分にふさわしい適正価格のものを購入し、長く使えるようないい靴は、お金を貯《た》めてから買うようにする。そうすればムリなくスーツスタイルを完成させていけると思います。

革は生きているという認識をもつ

革靴は、履き続ければ履き続けるほど自分の足にフィットして、美しさが増していきます。革靴を五年、十年ときれいに使っていくには、定期的な正しい手入れが必要です。手入れを怠ると、いくらいい靴でも輝かせることができません。

革靴の手入れで重要なのは、革は人間の皮膚のように生きた素材だということを認識し、栄養を与えてあげること。まず革靴を購入したら、一週間に一度くらいの割合で油性クリームを塗りましょう。これを半年間繰り返せば、革に油分が染み込んで長年使える下地ができ上がります。

この作業は、革靴が古くなってからやっても意味がありません。いい靴を購入したら早い時期から下地をつくり、以降は手入れ時に油性クリームで栄養補給すればいい。

一日履いた靴は、帰宅後に固く絞った綿の布で表面の汚れを落とし、あとは手入れ時に革が吸った水分を二日以上乾燥させるだけ。革の天敵は、汚れと水分です。

ちなみに革靴が足から吸う汗の量は、一日でコップ一杯分と言われます。外回りの営業職ならもっとたくさんの汗を吸い込んでいるはずなので、できれば三足くらいは用意しておき、ローテーションさせるといいと思います。

月一回の手入れを習慣化する

日々の手入れは重要ですが、ズボラな人でも月に一度は手入れをするべきです。まずは革靴にシューキーパーを入れてシワを伸ばし、全体の汚れとホコリを靴用ブラシなどで落とす。アッパーとソール部分はホコリが溜まりやすいので、重点的に落とすこと。シューキーパーがない場合は、丸めた新聞紙でも代用できます。

汚れとホコリを落としたら、次は汚れ落とし用クリーナーを綿の布につけて、全体を拭き上げます。この段階で油汚れと古くなったクリームを除去し、拭き終わったら十五分ほど乾かします。クリーニングはこれで終わりです。

次に乳化性クリームを全体に薄く塗り伸ばして、革に栄養分とツヤを与えます。革の栄養が抜けて乾燥していると、履きシワの部分から革が割れやすくなりますが、乳化性クリームを塗りすぎると、逆に型崩れの原因にも。綿の布で薄く塗り込み、余分なクリームをしっかりと拭き取るのがポイントです。

最後に油性クリームをつま先、かかと、靴底との縫い目に塗ります。油性クリームは光沢を出して、傷や雨から守ってくれる効果があります。油性クリームは全体に塗ると通気性が悪くなるので、部分的に使用しましょう。

収納時はシューキーパーを入れた状態で、湿気のこもらない場所に保管を。二、三日ほど休ませると、汗などで湿った革が乾き、カビ、雑菌、臭いの増殖を抑えることができるでしょう。

革靴を長年使うと、革が劣化するなどのダメージがつきもの。とくに靴底のダメージはわかりにくいため、気がつくと穴が空いてしまっていることもあります。

僕の場合、信頼できる靴修理の職人さんに依頼し、大事に履いている靴は定期的に状態を見てもらうようにしています。「餅は餅屋」というように、大切な靴の修理は、多少高くても匠《たくみ》の技を持つ職人さんに任せるのが理想です。

繰り返しになりますが、革は生きている素材。革靴をこまめに手入れする作業はたいへんかもしれませんが、習慣化して続けていくと、靴に愛着も生まれてくるはず。

最初は面倒かもしれませんが、毎日の手入れはわずか数分、月に一度の手入れは馴れると二十分くらいの手間。まずは手入れを習慣づける姿勢が大切です。いい靴を活《い》かせるかどうかはその人次第なのです。

ショップとのつき合い方

知らないことは恥ずかしいことではない

スーツや靴はどういったショップで購入すればいいのか。意を決してスーツをオーダーしようと思っても、いい加減なオーダーのができてしまうお店で、胡散臭《うさんくさ》いことばかり言うショップスタッフにすべてを任せてしまっては、当然、いいものなどつくることはできません。そんなところでスーツをつくるのであれば、吊るしのほうがよっぽどいいでしょう。

スーツの章でも、既製品を購入する際はセレクトショップや百貨店がおすすめだということを書いていますが、スーツだけでなく、シャツや靴、服飾小物も扱っているという点でも、最初にセレクトショップに行くのは、やはりベストだと思います。

じつは僕は、十八歳のころ「ビームス」で働いていた経験があります。セレクトショップというものがどういう経営をしているのか少しはわかっているつもりですが、なかでも「ビームス」や「ユナイテッドアローズ」などの老舗と言われるセレクトショップは、企業努力を怠っていません。

それは品揃えでも、きちんとインターナショナルスタンダードなブランドを取り揃えています。スーツでたとえるなら、クラシックながらもいまの時代の空気感をしっかりと押さえ、このくらいの生地なら、このくらいの形なら、という感じで、適正なプライスで販売しているのです。ビジネスマンが着るべきスーツをきちんと研究しているセレクトショップは、スーツの知識が乏しい人でも、信頼して買いものができるのではないでしょうか。

また、セレクトショップに限らず、無意味に高額な商品をすすめてくるようなショップには、行かないほうが無難だと思います。どういう生地を使い、どういう縫製を行い、ほかのスーツとここが違うから高額になってしまうなど、価格に対する説明を最低限してくれるショップがいいでしょう。

信頼という意味では、知識のあるショップスタッフがいるということも、いいショップの条件のひとつです。知識のないスタッフに、適当なものをすすめられてしまっては大変です。

そういう点でも、セレクトショップや百貨店はおすすめできます。セレクトショップや百貨店のいいところは、扱うアイテムが自社ブランドだけではないということ。数ある国内外のブランドを販売するには、そうとうな知識を持っていなければいけません。そのためのスタッフ教育はきちんと行っているのです。

仮に接客してもらったショップスタッフの知識量が少なくても、わからないことは先輩のスタッフがサポートしてくれるでしょう。そこでスタッフを替えてもらってもかまいません。そういう洋服の知識のある人材が多数在籍しているという意味でも、セレクトショップや百貨店は間違いないのです。

スーツにしても、コートにしても、靴にしても、長く使えるいいものを買いに行くわけですから、そのショップを信頼できて、そのスタッフがいるから安心できる。まずはそういった点を基準に、探してみるといいでしょう。

でも、信頼できるショップを見つけたからといって、そこで終わりではダメ。少しずつでもいいので、本当にいいものとは何か、という知識をつけていってください。必ずしもショップスタッフが、自分のスケジュールに合わせてお店にいてくれるとはかぎりません。ネクタイやチーフなど、ちょっとしたものなら、身近なショップで購入することもあるはずです。

これは洋服だけに限らず、食べ物などでも同じ。何も知らずに買いものをするよりも、事前にある程度のリサーチをしておいたほうが、失敗は少ないものです。

知らないことが恥ずかしいのではなく、知らないのに知っているふりをして、間違ったものを買ってしまうほうがよほど恥ずかしいこと。

本書を読んでいただいた時点で、少しは知らないことが解消されているといいのですが、「まずは何でも知ろうとする」ということが基本なのではないかと思います。

最近は、ネットでなんでも買える時代になりました。基本的に僕の場合は、洋服に関しては試着をしてから買うことを心がけていますが、何度も着用していて、サイズや色、素材がわかっているシャツやソックスのような消耗品であれば、ネットを活用し購入するのも大いに賛成です。

お店に直接行く必要がなく時短を求める現代のビジネスマンにとっては、効率的なショッピングと言えるでしょう。

第五章

腕時計

基準は「エコノミカル・ラグジュアリー」

スーツやコート、シューズを理解したら、次は腕時計や服飾小物関係について紹介したいと思います。

さまざまなデザインがあり、値段にも幅がある腕時計に関して、「どのようなものを選べばいいのか？」と悩んでいる読者も多いはずです。腕時計は、高額品も多いアイテム故に、その人の考え方が出てしまいます。言わば、その人をいちばん物語るアイテム。たった四〜五㎝ぐらいの世界に、その人の収入やモノの捉え方、考え方が出てしまうからです。

腕時計に対する僕の考え方ですが、ほかのアイテムと同様に、どういうときに、どんな目的で使用するかを基準にしています。これは落合正勝さんの著書にも書かれていることですが、スーツスタイルを基本とする場合は、革ベルトの腕時計を合わせるのがセオリーです。しかし、このセオリーを忠実に守るのであれば、黒い靴のときは黒い革ベルトの腕時計、シルバー金具のベルトを着用するときはシルバーケースの腕時計といった具合に、スーツ用だけでも最低数本の腕時計が必要になってしまいます。

もちろん、潤沢な予算があれば、いい腕時計を何本か揃える方法もあります。ただ、僕の哲学から生み出した、きわめて経済的だが、上質さやエレガントさは失わない「エコノミカル・ラグジュアリー（エコラグ）」という考え方からすると、スーツやタキシードスタイルのときに合わせる黒革ベルトのドレスウォッチを一本。ジャケパンのスタイルや、デニム、水着のスタイルのときに合わせられるラグジュアリー・スポーティなダイバーズウォッチを一本。合計二本の腕時計を選ぶのがおすすめです。

そこでポイントになるのが、極めつけの二本を選んで長く使うことです。いい腕時計はそれなりの予算が必要になりますが、厳選した二本を長く使い続けることができれば、とても経済的であり、「エコラグ」の考え方にもつながっていきます。

着用シーンを選ばない究極の二本は何か

現在は、正確な時間を知りたいなら携帯電話やスマートフォンで十分ことが足りてしまいます。ただ、スーツスタイルを完成させるためには、腕に時計があったほうがいいでしょう。そこで間違いのない選択をするのであれば、「中身」「歴史のあるブランド」「価値」「機能」「丈夫さ」「正確性」といった部分を重視すべきだと思っています。

腕時計には、主に二つの中身が存在します。大きく分けて、機械式か電池式。機械式には、手で巻く手巻きタイプと自動で巻き上げる自動巻きタイプの二種類があります。大昔は、手で巻き上げる手巻きタイプしかありませんでしたが、今では各時計ブランドの技術力が高まったことによって、着けているだけで勝手に巻き上げる自動巻きのタイプが主流になりました。人間の英知の結集によってパワーリザーブのように何日もリューズを巻かなくても正確な時を刻むものが数多く出てきています。

そしてもう一方の電池式は、クォーツと呼ばれる電池を入れるタイプです。電池を入れることで動くので、電池が切れれば当然止まってしまいます。最近は、スマートフォンと連動しているスマートウォッチなんていうものも主流になっています。

現在はとても便利な時代で、なんでもコンビニエントなものが溢《あふ》れる世の中と感じているからこそ、逆に、職人たちが約三〇〇ある小さなパーツを手で組み立ててつくる機械式の腕時計に価値を感じる人も多くいらっしゃいます。職人が手間暇をかけてつくっているので、そのぶん高額にはなるのですが、高級機械式時計を所有することは、ステイタスのひとつになっています。

手巻きを選ぶか、自動巻きを選ぶか。クォーツを選ぶか、スマートウォッチを選ぶか。金やプラチナ、ステンレススティールといった、腕時計のケース素材の差異。これによっても、その人の、時計への捉え方や考え方、価値観が出てしまうので、慎重に選びたいところです。

腕時計のサイズは、自分の腕の太さに似合うものを選びましょう。あまり大きすぎるものはトゥーマッチです。シャツの袖口に収まる三十六~四十㎜ぐらいのケースサイズがおすすめでしょう。文字盤の色は、ネイビーやグレーといったベーシックなスーツの色、そして白や水色といったシャツの色に邪魔にならないような白か黒のものがコーディネイトしやすいのでおすすめです。

前述したように、ひと口に腕時計といってもさまざまな観点があるので、まずは世界的に知られているブランドから探すのは賢明な策と言えます。たとえば、「ロレックス（ROLEX）」。「ロレックス」は言わずと知れた高級腕時計ブランドですが、その本質は実用性にあります。品質や耐久性・防水性などを考えると、価格とのバランスが非常にすぐれていることがわかります。

有名な腕時計ブランドの多くが十八世紀または十九世紀に創業していますが、「ロレックス」は意外にも二十世紀に創業した比較的新しいブランドです。それが今日では、世界で知られる高級腕時計ブランドへと成長しました。その背景には、やはり価格と性能のバランスが大きな理由となっているのは疑う余地がありません。

実際に僕も「ロレックス」を長年愛用していますが、とにかく丈夫でなかなか壊れないし、これまで大幅に時間が狂ったことがない。「ロレックス」は防水性が高いオイスターケースを採用していますが、他メーカーの腕時計に比べて水に強いことが実感できます。それゆえ、ビーチやプールサイドでも着けることができます。腕時計選びには、こういった「実用的かどうか」といった部分も肝心なのです。

「ロレックス」の代表的なモデルには「エクスプローラー」や「オイスター」、「エアキング」など、たくさんの種類がありますが、そこは趣味やライフスタイルの範囲で選択すればいいでしょう。たとえば、取材、打ち合わせ、撮影、会食、海外出張、余暇など、さまざまな洋服を着る機会が多い僕のような人の場合、「ラグジュアリー・スポーツ」というタイプの腕時計は、いろいろなスタイルにマッチするので使えるはずです。

長くなりましたが、いよいよここで僕が厳選した究極の二本をご紹介します。まずは、「ロレックス」の「サブマリーナ」です。それは僕がラグジュアリー・スポーツな腕時計を好きだということもありますが、「サブマリーナ」はジャケット姿にも合いますし、ジーンズ姿にもハマるからです。さらには水着にも似合い、着用シーンを選ばないすぐれものです。極論的に言えば、「サブマリーナ」が一本あれば、ほとんどのシーンで活用できます。ステンレススティールのストラップで、かなりスポーティな印象があるので、クラシックなスーツやフォーマルなタキシードにはあまり似合わないというのが定説でしたが、その定説を覆してしまった例があります。そうです、皆さんご存じの『007』のジェームズ・ボンドです。

ちなみに『007』シリーズの初代ジェームズ・ボンドもこの腕時計を着けていましたが、映画のなかで「サブマリーナ」は男らしさをさりげなく強調していました。正確な時間を刻んで耐久性もあり、さらにデザインがここまで完成されている腕時計はなかなかほかにはないと思います。

「サブマリーナ」のほかでは、「パテック フィリップ（PATEK PHILIPPE）」の「ノーチラス」や「ヴァシュロン・コンスタンタン（VACHERON CONSTANTIN）」の「オーヴァーシーズ」、「オーデマ ピゲ（AUDEMARS PIGUET）」の「ロイヤルオーク」なども、高額ではありますがラグジュアリー・スポーツな腕時計として、世界的にあまりに有名です。ラグジュアリー・スポーツの先駆者的な存在である、時計デザイナーのジェラルド・ジェンタ氏がデザインした「ロイヤルオーク」は、つねにスポーティなデザインで、ベルトのパーツは一点一点が丁寧に仕上げられており、僕のような角張り気味の腕の形にフィットする腕時計です。

余談ですが、「ロイヤルオーク」の三十八㎜が誕生したのは、僕が生まれた年の一九七二年。「ロイヤルオーク」はもう少し大きいサイズのものもありますが、ベーシックなものは三十九㎜です。

よく、少し大きめの腕時計をあえて着ける人もいますが、自分の腕とのバランスを考えると僕には似合いません。たとえば、「ロイヤルオーク」のスタンダードは、最初に登場したその三十九㎜。時代によって大きさは変われど、基準値はずっと変わっていないのです。ということは、このサイズがスタンダードとして完成している証拠であり、腕時計のサイズでファッション性を出そうとする考えはナンセンス。「ロイヤルオーク」のデザイン的な特徴としては、「サブマリーナ」よりも堅牢《けんろう》でエレガントさも感じさせ、より大人の雰囲気を醸し出す。そういう意味では上級者向けの腕時計と言えるでしょう。

そして、いよいよもう一本のドレスウォッチのおすすめをご紹介します。スーツやタキシードに合わせる革ベルトのドレスウォッチなら、「パテック フィリップ」の「カラトラバ」や「カルティエ（Cartier）」の「タンク」、「ヴァシュロン・コンスタンタン」の「フィフティーシックス」、日本のラグジュアリーウォッチとして有名な「グランドセイコー」がおすすめです。昔から変わらぬ極めてオーソドックスなデザインで、クラシックな意匠が、クラシックスーツの雰囲気とぴったり当てはまるからです。

海外では、腕時計でその人を判断される

腕時計を突き詰めていくと、いい時計はいくらでもあります。「ロレックス」「パテック フィリップ」「ヴァシュロン・コンスタンタン」「ブレゲ（Breguet）」「オーデマ ピゲ」や「カルティエ」に限らず、世界には機能的で美しい腕時計のブランドはたくさんあります。日本で言えば、「グランドセイコー」。僕も何年も愛用していますが、つくりの真面目さと普遍的なデザインはインターナショナルスタンダードです。

腕時計のインターナショナルスタンダードは、海外に行ったときに肌で感じることができます。たとえば、海外のホテルやレストランの人たちは、服装のほかに必ず腕時計を見て人を判断しています。日本人は腕時計まで見られていないと思っている人が多いのですが、海外では、最終的に腕時計でその人が判断されることも少なくありません。

ですが、こんなシーンでも前述の腕時計を着けていれば、スーツや靴、コートと同じように、ホテルやレストランを訪れた際に、きちんとした人間と認められることになる。これらの腕時計は、どこへ行ってもしっかりとした扱いを受けることができるオールラウンダーなのです。

結論としては、多少高価なものであっても極めつけの二本を選ぶことが大切。いろいろと着け替えている人ほど、自分に合った腕時計を手にしていないことが多いものです。結果、それはムダ遣いで自分のスタイルを完成することができていないということなのです。

これは腕時計以外にも言えることですが、ベーシックで上質なものを手に入れることができれば、経済的かつ美しいスタイルを生み出してくれます。これこそまさに「エコラグ」です。

長く使うためには欠かせないオーバーホール

どんなにいい腕時計でも、中身のパーツは年々劣化して、ムーヴメント内の油も汚れてしまいます。「ロレックス」に限らず高級とされる腕時計はつくりが複雑なため、機械の故障や時間の狂いがなくても、オーバーホールを怠ると腕時計の寿命を縮めてしまうことにつながります。

オーバーホールとは、腕時計の中身を分解して点検・修理・洗浄を行うことを指します。言うなればクルマの車検のようなものですが、細かい部品の状態を確認したうえで、上記の工程を経て改めて元の状態へ戻す。つまり、一から腕時計を組み立てる、修理以上の手間がかかる作業です。

腕時計を傷めてしまい、結果、故障してパーツを交換するとなると、オーバーホールの数倍以上の代金となってしまうケースも少なくありません。選《え》りすぐりの腕時計とできるだけ長くつき合うには、機械の故障や時間の遅れが出てからではなく、定期的にオーバーホールするほうが経済的です。

腕時計のオーバーホールは車検と違って義務的に定められたものではありませんが、三〜四年に一度くらいの割合で行うのが理想でしょう。

では、オーバーホールをするときにメーカーに依頼すべきか、町の時計屋さんに依頼するか、どちらの選択が正しいのでしょうか。

たとえば、「ロレックス」の場合、代理店としてメンテナンスやサポートに力を入れている「日本ロレックス」があり、東京都内にある修理センターでは数百人の時計技術者が働いています。修理センターには製造を中止してから三十年以内のすべてのパーツがストックされており、モデルの大半はオーバーホールが可能。

オーバーホールのほかにもパーツの交換、ケースの研磨なども依頼することができるので、使用感の出てきたものや、親から譲り受けた大切な時計なども新品に近い状態で返ってきます。これには感動する人も多いはず。

ただ、ユーザーにとっていちばんのネックになるのが代金。一例として「デイトジャスト」の場合、オーバーホールだけでも五万円ほどになり、長いあいだメンテナンスをしていないと、部品交換代なども含めて十万円を超えることも珍しくありません。

これは特殊な事例かもしれませんが、「サブマリーナ」のオーバーホールを依頼したところ、ケースの交換をすすめられて二十五万円の見積もりになった事例もあったとか。長年使うために厳選した腕時計をしっかりとメンテナンスしてくれるのはうれしいかぎりですが、高額すぎる代金は懐に厳しいもの。

また、「日本ロレックス」では、修理代を節約するためにパーツの一部だけを交換する、といったメンテナンスは受け付けていません。つまり、修理をする場合は中身が新品同様になる半面、代金はかなり高額になってしまうというデメリットもあるのです。

さらに言うと、複雑な修理が必要なときは海外の本社へ送るケースもあり、手許に戻ってくるまでに数カ月から半年ほどかかってしまうことも。これらのデメリットは、ほかの高級腕時計メーカーにも同様のことが言えるでしょう。

では、町の時計屋さんにオーバーホールを頼んだ場合、どんなメリットとデメリットがあるのか？　最大のメリットは代金の安さ。代金は腕時計の種類によって前後しますが、メーカーに比べると三〜五割ほど安くなるのが一般的です。

オーバーホールの代金は腕時計の価格と比例するので、決して安いものではありません。同じオーバーホールをするのであれば、代金が三〜五割も安くなればかなりのメリットでしょう。

デメリットとしては、町の時計屋さんは純正の部品を入手しにくいので、修理の場合は社外パーツを使われてしまう場合があること。また、町の時計屋さんは修理に必要な専用工具を持っていないこともあり、その場合、一般の工具で作業を行うため、作業の過程でパーツが傷つけられてしまうケースもあるので、注意してください。

そして、必ず覚えておいてほしいことが、町の時計屋さんは店舗ごとに技術力の差がかなり大きいことです。いまでは少なくなってしまいましたが、町の時計屋さんでも、メーカーの時計技術者と同レベルの技術を持つ職人がいる店舗も稀にあります。ですが逆に、あまり技術力がない職人さんがいることも事実で、オーバーホールを頼んでもしっかりとメンテナンスできていないこともあるので、注意しましょう。

懐に余裕があり、しっかりとしたオーバーホールを望むなら、まずはメーカーへ依頼するのがベスト。ですが、信頼できる町の時計屋さんを知っているのであれば、まず腕時計の状態を調べてもらうのが経済的かもしれません。

パーツ交換を必要とする修理の場合はメーカーへ依頼し、オーバーホールは町の時計屋さんへ、といった具合に、うまく使い分けるのもひとつの方法です。

第六章

服飾小物

（ネクタイ・チーフ・ロングホーズ）

社会におけるネクタイの意味とは？

スーツと言えば必ずネクタイというほど、スーツスタイルにおいてネクタイは重要な役割を果たしています。

ネクタイに対する僕の考えも、基本にあるのは「過ぎたるは猶及ばざるが如し」です。アクセントとしてやりすぎは逆効果となり、逆にやらなすぎもよくない。とくにビジネスシーンにおいては、きちんとしたネクタイが必需品です。

たとえば、スーツ姿でネクタイをしている人と、していない人が隣に並んでいた場合、どちらの人のほうが「できる人」に見えるでしょうか？　たいていの人は、「ネクタイをきちんとしている人のほうが、できる人に見える」と答えるはずです。

多くの人はスーツとネクタイをセットで考えるため、ネクタイをつけていない人はきちんとしていない、というイメージになってしまいます。もちろん、外見だけで決めつけるのは偏見にすぎません。しかし、ネクタイをつけるということは、相手に誠意を示す意味でもあり、真面目さや真剣さの表れとされるのです。

　また、インターナショナルスタンダードの観点で考えても、ネクタイは非常に重要で、つけているだけで社会の一員として迎えられます。海外ではスーツを着ていても、ネクタイなしでは入場を許されない場所もあり、逆にジャケットなしでもネクタイさえつけていれば、インフォーマル性を問われない場合もあります。

　落合正勝さんも同様のことを言っていましたが、ネクタイは不思議な性格を備えているシロモノです。しかし、深く考える必要はなく、社会においてネクタイが重要な意義を持っていることを認識しておけばいいと思います。

　僕がファッションの話をする際に常々言っているのは、結局のところ「中身が大事」ということです。つまり、主役は洋服ではなく、あくまでもその人自身にあります。お金をかけてお洒落に着飾っても、その人が埋もれてしまうようなら、何の意味もなしません。

　ネクタイを選ぶ際もこの考え方が基本。よく柄の入ったネクタイを何本も所有している人がいますが、極論を言うとその選択は誤りです。

　ファッションにおけるよくある間違いに、柄があることがお洒落という誤った認識があります。基本のコーディネイトは、柄があればあるほど調整が難しいもの。ネクタイにはストライプやチェックなど柄ものが多く存在しますが、それを上手に合わせるのはとても難しいことなのです。

この基本を知らずにいきなり応用しようとすると、全体のコーディネイトはきれいに収まらず、バランスを取るのが難しくなってしまいます。

ムリせず気楽なスタンスでネクタイと向き合う

では、具体的にどういうネクタイを選べばいいのか？　ショップに行って数百種類あるネクタイのなかから一本を選ぶとなると、これがまた非常に難しい。

その選択は、着ているスーツによって異なるのは当然ですが、僕がおすすめするのは色がネイビーかグレー、もしくは黒で、無地のシンプルなネクタイです。

僕が仕事のときのスーツスタイルで参考にしているのは、ピエール・ルイジ・ロロ・ピアーナさんの着こなし。ミラノの街にいるような落ち着きのある大人のイメージを意識しています。そんなロロ・ピアーナさんが着こなしているのが、ネイビーやグレーのストライプ系スーツ。このようなスーツには、ネイビーかグレーの無地のシンプルなネクタイがフィットします。ネクタイに柄があったり、生地に光沢がありすぎると、相手の目線はどうしてもネクタイに行ってしまいます。すると、本来フォーカスすべきその人に目が行かなくなってしまう。その点、ネイビーかグレーの無地のネクタイなら、さまざまなスーツやジャケットに合い、その人の印象を薄めることもありません。どんなシーンでも浮くことがないという意味でも、ネイビーかグレーのシンプルなネクタイは持っていると便利。極論を言うと、あとは冠婚葬祭用の黒いネクタイを持っていれば、ほかはいらないと思います。

ネクタイを美しく結ぶために

ネクタイの幅は、自分にはバランス的に七〜八㎝がいちばん美しく見えると考えています。じつはこれもまた「過ぎたるは猶及ばざるが如し」で、十㎝になると太すぎて野暮ったく見えます。

太いネクタイは男性的に見えるという意見もありますが、ネクタイ幅はジャケットのラペルの幅と同じがスタイリッシュで美しい。それが僕の場合は七〜八㎝

というわけです。

そのほかのポイントとしては、締めてほどいてを繰り返すので、いかに丈夫であるかも重要です。素材はシルクやウールで、なるべくマットなタイプが理想ですが、あまりに硬すぎる素材だと、ゆるめるときに面倒なので、適度な素材感のあるシルクが使いやすいと思います。

僕が愛用しているネクタイは、「ブルネロ クチネリ」や「ロロ・ピアーナ」「タカシマヤ スタイルオーダー サロン」のネイビーか黒の無地。ネイビーブルーとひと口にいっても、安っぽいネイビーもあれば高級感を漂わせるネイビーもある。「ブルネロ クチネリ」や「ロロ・ピアーナ」のネイビーは色が非常に美しいのです。値段は三万円弱とやや高めですが、素材がきわめて上質で、装飾品としてのネクタイの最高峰と言っても過言ではない。ノット（結び目）の部分のディンプル（へこみ）も美しく決まるので、とても重宝しています。このブランドのようにしっかりとした生地感のものはじつは少なく、世の中にあまりないので貴重なアイテムです。

ネクタイに三万円は高いという人も多いでしょうが、丈夫につくられているので、普通のものに比べて二倍以上長持ちします。現に僕は、十年ぐらい使い続けています。

また、「ネクタイは窮屈だ」と毛嫌いする人がいますが、それは「ＴＰＯ」に合わせればいいだけの話。気温が高く天気のいいときは、上着を脱いでネクタイを外せばいい。デスクワークがメインの人は、四六時中ネクタイをつける必要もありません。

ケースバイケースでつけたり外したりして、ネクタイとつき合っていけばいいのです。ムリせず気楽なスタンスでネクタイと向き合う、これが僕の考え方です。

さりげなく胸元を彩るポケットチーフ

女性と違いアクセサリーを多用することが少ない男性にとって、ポケットチーフは胸元を飾るアイテムです。最近ではビジネスマンが普段からポケットチーフを挿していたり、カジュアルなシーンでも見かけることが増えてきました。

ですが、日本人にはあまり馴染みがないポケットチーフは、結婚式やパーティー以外では、挿すことに抵抗がある人も少なくないのではないでしょうか。

そもそもポケットチーフには、ネクタイを首に締めるのと同じで、フォーマルな衣装としての歴史があります。十九世紀ごろからヨーロッパのブルジョワが胸にポケットチーフを挿しはじめたことを起源としたことから、フォーマルなアイテムとして浸透してきました。

長い間ポケットチーフを挿す文化がなかった日本人は、どうしても羞恥心が先立ちますが、スーツやジャケットのスタイルにおいて、ポケットチーフは然《しか》るべきアイテムであり、全体のバランスを取りながら華やかにしてくれます。さりげなく胸元を彩るポケットチーフは、あまり深く考えず、スーツスタイルを完成させるアイテムのひとつだと捉えてください。

ポケットチーフはスーツスタイルに合わせるアクセントの役割だと考えると、白い無地のポケットチーフが基本中の基本です。

もっともフォーマルな白いポケットチーフは、大人の必需品。パーティーシーンなどではシルク素材のほうがいいですが、普段使いなら、麻でも問題ありません。

ピンからキリまでさまざまな種類があるポケットチーフのなかから、品質とバリュー感でセレクトするのが、「エコノミカル・ラグジュアリー（エコラグ）」。

私が普段使っているのは、「ムンガイ（MUNGAI）」の麻の白い無地のポケットチーフです。「ムンガイ」のチーフは三千円前後とお手頃価格ですが、いろいろなスーツやジャケットのポケットにハマりやすいので重宝します。

ジャケットが紡毛《ぼうもう》素材になってくる秋冬シーズンは、ポケットチーフに変化をつけるのもいいでしょう。この季節に白麻だと少し軽い印象で、肌寒さを与えてしまうので、気温が低くなる秋冬に僕が使っているのは、ネイビーのカシミア生地にブラウンの細かなドット柄が入ったポケットチーフです。

このようなポケットチーフは、ネイビーのジャケットと非常に相性がいい。「ブルネロ　クチネリ」「ルチアーノ・バルベラ（Luciano Barbera）」などでも取り扱っているので、一枚持っていると便利だと思います。

シーンによってポケットチーフを使い分ける

ポケットチーフをセレクトしたら、次は挿し方。挿し方で雰囲気が大きく変わるので、シーンに応じたスタイルをいくつか覚えておくといいでしょう。

いちばんスタンダードな挿し方は、別名「ＴＶフォールド」とも言われるスクエアスタイル。折り紙の要領でポケットチーフを四角く折るだけのスタイルは、誰にでも簡単にできる挿し方で、五㎜～一㎝ほどポケットの外に見えるようにするのがポイント。控え目な雰囲気を演出してくれます。

僕は、ポケットチーフの挿し方にはあまりこだわりを持っていません。ハンカチの代わりに使ってもいいですし、カジュアルな場なら簡単に四つに折ったスクエアなスタイルでも問題ありません。

ほかの挿し方としては、チーフの中央を摘《つま》み、ポケットの上部にフワッと入れるだけのパフドスタイル。ポケットチーフにボリューム感を持たせ、見栄えがきれいで華やかになる挿し方です。これはカジュアルなパーティー向けでしょう。

「スリーピークス」は三つの角を立てたフォーマルなスタイルで、主賓や上位席に着く場合などで、威厳や貫禄《かんろく》を演出してくれます。

また、きちっとしたビジネスの雰囲気を少し変えてみたいという人には、麻の白いポケットチーフを少しラフな感じで挿すことをすすめます。堅い印象に見えるTVホールドだけではなく、パフドスタイルなどの華やかに見えるチーフ使いで、スーツスタイル全体の雰囲気を変えることも可能です。

ここで注意したいのが、ポケットチーフのカラーと柄。派手なポケットチーフはスーツやジャケットとのコーディネイトが難しく、組み合わせによっては胸元を飾るアクセントが全体のバランスを崩してしまいます。これも「過ぎたるは猶及ばざるが如し」。

そういう意味でも白い無地のポケットチーフは、服装を問わずどのように挿してもいいアクセントになります。

ソックスはそれ自体が装いのひとつ

僕が提唱する「エコラグ」を象徴するアイテムといえば、第二章で述べたシャツとこのソックスです。せっかく高価なソックスを買ったのに、すぐに穴が開いてしまったという経験は誰にでもあるはず。

毎日のように洗濯を繰り返すソックスは、言わば消耗品。三千円以上出して購入するのは経済的ではありません。といっても、廉価で良質なソックスはあるようであまりない。ソックスにどれくらいのお金をかけるべきか、わからない人も多いはずです。

ソックスの歴史をひも解いてみると、もともと日本では独立したアイテムという認識ではなく、靴と一対として考えられてきました。そのため「靴下」と呼ばれたのです。しかし、ソックスは靴があって存在するという考えは間違いです。

イタリア人などは、夏場に素足でモンクストラップやローファーを履く人が多く、ソックスと靴はそれぞれが独立しているものなのです。

つまり、西洋におけるソックスは、お洒落のための独立したアイテムであると同時に、礼儀とマナーを兼ね備えたスーツ同様の位置づけなのです。一方、日本では礼儀とマナーといった他人のためのファクターが優先され、ファッションの観点ではあまり重視されてこなかったと思います。

落合正勝さんも著書のなかで言っていますが、ソックスはそれ自体、装いのひとつとして考えるべきなのです。

現代のソックスの役割は、主に以下の三つだと思います。一つ目は足を保護するため、二つ目は素肌をさらさないため、三つ目は靴とともに足元を引き締めるため。ソックスは足と靴をつなぐ調和のために大切なアイテムであり、「あまり見えないから適当でいい」という考え方は禁物です。

スーツやジャケットに合うソックスとは?

日本でのソックスの長さは、膝の位置を中心にして数パターンに分けられます。

そのなかで、スーツスタイルに適しているのがロングホーズ。日本人の膝下の長さは平均四十cm前後なので、四十cm前後のロングホーズが適しているでしょう。このサイズなら、すね毛を人前にさらすこともありません。

エレガントなロングホーズにもっとも適した素材は、ウールに、上質な光沢感と肌へのやさしさを保証してくれるシルクを加えたもの。日本の場合、夏場は湿気が強いので、上質なコットン一〇〇%のロングホーズも上品だと思います。寒い冬場はウールやカシミアの素材がいいでしょう。

スーツやジャケットスタイルにフィットしやすいソックスの色は、黒、ネイビー、チャコールグレーの三色。ソックスをお洒落に見せようとして派手なものを履く人がいますが、全体のバランスが悪くなるようでは、それこそナンセンスです。

ネクタイにも同じようなことが言えますが、スーツスタイルにおけるソックスは、色味をできるだけ抑えるのがポイント。ごちゃごちゃした柄ものやワンポイント付きのものは、まったく必要ないと思います。

低価格でつくりのよさを実感できるロングホーズ

さて、僕がおすすめしているソックスは、「グレン・クライド」のロングホーズです。日本発のこのロングホーズは低価格なのに非常に高品質、長持ちする逸品です。

日本ではまだまだその名は知られていませんが、ファッション業界では多くの人がこのブランドのソックスを愛用しているほど。安価なうえにここまで良質なソックスはなかなかありません。

以前、僕はセレクトショップでオリジナルのソックスを購入していましたが、「グレン・クライド」のロングホーズに出会ってからは、こればかり愛用するようになりました。ベーシックでほどよくトレンドを押さえているデザインも、気に入っています。

ちなみに僕はイタリアを訪れると、「カルツェドニア（CALZEDONIA）」というブランドのロングホーズを二十足近くまとめ買いします。価格は一足あたりたったの二ユーロ。すぐれた技術が詰め込まれて日本円で三百円以下なら、安すぎるくらいです。

仕事の都合上、僕は「ガッロ（GALLO）」や「ソッツィ（SOZZI）」などの一足四千円前後の高級ソックスも持っていますが、リブ編みなどもしっかりしていて三百円以下なら、迷わず「カルツェドニア」のロングホーズを選びます。

このロングホーズが三十足あれば、三年は持たせることができます。六十ユーロで千日使えると考えると、一回あたりわずか九円の計算。減価償却的にも「エコラグ」です。立体裁断のものは、履き心地もいいです。

余談ですが、ミラノコレクションやピッティなどへ取材に行く日本のお洒落業界人たちも、このショップによく立ち寄っています。

男性もアイロンがけの意識をもつ

至極当然の話ですが、シワシワよりもきれいな洋服のほうが、清潔感を保つことができます。女性の視点から見ても、シワシワの洋服を着ている人とデートをしたくはないはず。ですが男性の場合、女性と違ってアイロンがけの意識が薄いもの。

僕は職業柄、毎朝アイロンをかけることが日課で、スーツやシャツはもちろん、ネクタイやチーフも、最後は自分で仕上げています。日本にはこういった文化がありませんが、イタリア紳士はチーフを家族にも触らせない人が少なくありません。最後のアイロンがけを自ら行い自分を表現することが、イタリア紳士の伝統なのです。

ファッションに気を遣いたいなら、クリーニングに出した時点で自分のやることとは終わりという考えを正すべきなのです。

シャツをクリーニングに出すと、シワやカフス線が入って戻ってくる場合があります。ですから僕は、クリーニングから戻ってきたら必ず自分でアイロンをかけ直して、シワやカフス線を消しています。こうしたちょっとしたひと手間が清潔感を保ち、スタイリッシュな着こなしにつながっていくのです。

本当に重宝するアイロンとは？

さて、僕がアイロンがけをするときに愛用しているのが、「ティファファール（T-fal）」のスチームアイロンです。

このスチームアイロンは、適正な価格でスチームの威力が申し分なく、スーツやシャツはもちろん、チーフ、ネクタイ、ジーンズも美しく仕上げることができるシロモノ。布地との接触面が大きいので、素早くかけられて重宝しています。

自分でアイロンがけができるようになると、スーツの襟をふんわりさせたり、ポコッと出た膝を復元することも簡単。アイロンのかけ方ひとつで、美しさや清潔感が断然変わってきます。クリーニング屋さんにすべてを任せるのではなく、ちょっとしたシワは自分できれいにするといった姿勢が肝心なのです。

いくら上質な洋服やアイテムを揃えたとしても、美しく着ないと絶対にきれいには見えず、清潔感も欠けてしまう。いいものをできるだけ長く、そして美しく見せるためにも、アイロンがけのテクニックを身につけてほしいと思っています。

第七章

バッグ

自分にはどんなタイプの鞄《かばん》が必要か

ビジネスで成功している人や仕事ができる人の多くは、相手に対して失礼のないスタイルを心得ています。とくに、まだ信頼関係ができていない段階においては、相手に与える第一印象は非常に重要です。もちろん、いちばん大事なのはその人自身ですが、相手の信頼を得るためには、鞄にも気を配りたい。ビジネスの世界で一目置かれている人たちは、鞄も世界で通用するベーシックなスタイルを完成させています。

三十代以上の男性なら、大人の雰囲気を醸し出すビジネス鞄は必需品です。しかし、ひと口にビジネス鞄といっても、ブリーフケース、ショルダーバッグ、トートバッグ、アタッシェケースなど、形だけでもいろいろなものがあります。ここではビジネスシーンに特化した鞄について、僕の考え方を紹介したいと思います。

現代の鞄は、時代の変化とともにさまざまなタイプが生まれてきました。意外に難しい鞄選びでもっとも重要なのは、その人がどんな仕事をしているかということ。

会社のなかでの作業が多いデスクワークと、多くの人と接する機会が多い営業とでは、持つべき鞄が違ってきます。また、鞄の中に何を入れるかでも、鞄の定義が異なるはずです。書類関係が中心なら、薄型のブリーフケースで問題ありませんが、ＰＣを頻繁に持ち歩く場合は、衝撃に強い構造の鞄が必要でしょう。

もっと言うと、仕事中の主な移動手段に合わせて選ぶことも肝心です。クルマ移動が中心なら鞄の重さはあまり気になりませんが、電車に長時間乗る機会が多い人には重い鞄は向きません。最近増えている自転車通勤の人なら、手持ち・ショルダー・リュックの三通りの使い方ができる３ＷＡＹタイプが使いやすいはずです。

このように用途やシーン、移動手段などで持つべき鞄が違ってくるので、まずは自分がどういうタイプの鞄を必要としているのかを考えるといいでしょう。

インターナショナルスタンダードな鞄とは？

では、三十代以上のビジネスマンが持つべき鞄は、どういったものがいいのか？

素材は革、タイプはブリーフケースタイプがスタンダードでしょう。鞄という漢字が「革」で「包」と書くように、本来なら革製がベストだと思います。ただし、革の鞄は本体が重いため、中の荷物が多いと重くなる。しかし、使い込むほど味が出て、メンテナンスすれば長く愛用できるのが最大の魅力です。

また、ほかの素材と比べて、型崩れしにくいことも特徴です。ビジネスシーンで考えると、名刺交換の際に机の上に鞄を置いたとき、形が潰れてしまうよりも自立しているほうが格好がつく。しっかりした存在感を持つ革の鞄は、その人の象徴にもなり、相手に対して泰然自若とした印象を与えることができるのです。

このようにブリーフケースならどんなシーンにも対応できますが、ショルダーやリュックは、人前に出ることを考えれば、ビジネスシーンには不向きです。

鞄の色は黒か茶、そして形は時代や流行に流されないシンプルなものがいい。

最近はさまざまな鞄がありますが、ビジネスシーンの中心にあるべきなのは、鞄を持つその人です。インターナショナルスタンダードなビジネス鞄にシンプルなタイプが多いのは、真面目さと落ち着きを演出しつつ、「中心はあくまでもその人本人」という考えでつくられているからです。

僕が二〇一二年からスタートさせた「ペッレ モルビダ」というブランドは、落ち着いた雰囲気と質の高さを重視する大人が、満足して愛着を持って使えるような鞄をつくっています。「優雅な船旅に持っていきたくなる上質で良質なバッグ」をコンセプトにしていますが、ムダな装飾を省くことでラグジュアリー感を出しつつも、鞄自体はそこまで主張していません。

「ペッレ モルビダ」の二室タイプのブリーフバッグは機能面では、ＰＣの収納に安心な緩衝材入りポケットやペンホルダーも付いているので、ビジネス鞄としてもおすすめできます。この鞄は熟練の職人による革漉《す》き加工を施した革を使っているので堅牢性を誇っていますが、移動時にストレスを感じることがないようにと、約一・三kgという軽量になっています。

大人の男性が持つビジネス鞄は、クラシックで重いものがいいという意見もありますが、僕はその考えに否定的です。ビジネスシーンで使用する鞄である以上、軽さや機能面は重要であり、クラシックすぎるデザインは逆に異彩を放ってしまいます。

最近の主流になりつつあるナイロン製の鞄についてですが、「トゥミ（TUMI）」や「ブリーフィング」といったバリスティックナイロンを使っているタイプは、耐久性があります。とくに「トゥミ」や「ブリーフィング」は機能性もすぐれており、荷物と移動が多いハードなビジネスマンには最適の鞄でしょう。また、控え目で真面目な印象を与えるデザイン性はビジネスとマッチし、スマートさを演出してくれます。僕が外資系投資会社に勤務していれば、「オロビアンコ（Orobianco）」よりも控え目でスマートな、「トゥミ」や「ブリーフィング」の鞄を持つと思います。

一点豪華主義的な発想はナンセンス

鞄の予算ですが、多少高くても一生使えることを軸に考えるべきです。しっかりとつくられている鞄は耐久性があるので、仕事のキャリアとともに退職するまで使えます。何回も買い換えるよりも、時計と同じように、長く使える鞄を買ったほうが経済的でしょう。

ただ、鞄だけ高級なものを持つ一点豪華主義的な発想は、非常にナンセンスなのでやめるべき。鞄だけがいいもので、ほかのものがみすぼらしいというのは、お金のない人が乗る高級外車と一緒です。

お金に余裕があり、それなりのステイタスがある一線級のビジネスマンであれば、「ヴァレクストラ（Valextra）」や「エルメス（Hermès）」の「サック・ア・デペッシュ」といった、高価な鞄を持っていても自然に似合うでしょう。それは、スーツやシューズなども含めた全体のコーディネイトがエレガントに統一されているからであって、一般の人が鞄だけ高級なものを持っていても、違和感が強調されるだけです。

鞄と長くつき合うためには

繰り返しになりますが、鞄や時計のように長年使えるアイテムは、減価償却できるので、少々高額でも、いいものを買っておいて損はないと思います。とくに革製の鞄は、使えば使うほど渋みが増してくるので、メンテナンスに気を配って長くつき合いたい。いいものを長く使うというスタンスは、靴でも同じことが言えます。

革製の靴は使ったあと、毎回手入れをするのがベスト。ただ、忙しいビジネスマンであれば、ムリに毎晩手入れをする必要はありません。月一回の手入れでも靴は長持ちさせられるので、休日などに手入れをすることを習慣づければいいでしょう。

手入れの方法は、革にツヤを出すために柔らかい布でから拭きし、次にブラッシングで汚れを取り除く。そして仕上げとして、オイルクリームを塗れば完了。ブラシなどの専用道具を揃えるのは面倒だと思いますが、最低でも革靴専用のオイルクリームくらいは持っておくほうがいいと思います。

革には油分が含まれていますが、空気や手に触れることで少しずつ油分が奪われ、乾燥してしまいます。乾燥すると革がひび割れを起こすことがあるので、月に一度のオイルクリーム・メンテナンスはとても重要。そして革は水に弱い素材なので、雨に濡れた場合などは、できるだけ早くから拭きして、汚れやシミを残さないようにするといいでしょう。手入れをすることで、自然と愛着も湧くはずです。

革製の鞄に比べると、ナイロン製鞄の手入れは簡単なので、そういう面でナイロン製を選ぶのもひとつの選択です。ただ、洗濯機で丸洗いすると表面のコーティングがはがれてしまうので、汚れが気になる部分は中性洗剤でやさしく落としてやり、しっかりと乾燥させて長く使えるようにするといいでしょう。

なお、鞄を長年使っているとカビが生えてしまったり、金具や持ち手などが壊れる場合もあります。そんなときはメーカーや、鞄専用のメンテナンス業者に任せるのもひとつの方法でしょう。

本格的なメンテナンスは、素人がやるとかえって悪化させてしまうことがあるので、注意が必要です。メンテナンスの料金は鞄の大きさやブランド、修理の度合いによって異なりますが、大切な鞄を長く使うための必要経費として考えたら、その道のプロに任せるのが安心です。

第八章

お洒落の前に大切なこと

文庫版オリジナル

カッコよくなるには、身だしなみを整えることが重要！

冒頭でも提言しているように、そもそも僕が提案したいのは、「ノットファッション、バットスタイル」。ファッションではなくスタイルです。ファッションは「流行」と書くとおり、流れて行ってしまうものです。時代の流行で変わってしまうものは、追いかけても追いかけても、留《とど》まらない。お金がいくらあっても足りないし、雲を摑《つか》むようなものです。

だから、僕はその人の型となるスタイル、というものを提案したいのです。スタイルは「型」と書きます。自分の型を見つけること、自分に似合う基準を見つけることが、カッコよくなるための王道であり、いちばんの近道だと思っています。

とはいえ、スタイルをつくり上げるのは簡単なことではありません。まず、スタイルを形成するにおいて大切なことは、トータルバランスです。洋服だけでカッコよくなりたいと言っても、それは正直無理な話です。洋服を着る前に、まず着る人の中身が大切だからです。

どれほど高級で上等なスーツを着ても、歯が汚かったり、鼻毛が出ていたりしたらカッコよくなんて絶対になりません。一番大切なことは、まずは装う前に、自分自身の中身をケアし、美しく保つこと。これが、とても重要なのです。

日本人は国民性として、ものすごく清潔できれい好きです。おそらく世界で見てもトップクラスと言えるでしょう。とはいえ、世界の基準、グローバルスタンダードから考えると、男の人の美意識にはまだまだ詰めが甘い部分があります。たとえば、髪の毛をカッコよくカットして、ワックスをつけて決めてはいるけれど、爪や歯が汚かったりする男の人が結構います。これこそ、まさに本末転倒。

アメリカでは、洋服や髪型よりも前に、まず歯に対してお金をかける文化があります。そういう絶対にしなければいけない意識というものが抜け落ちているところが、日本の男の人にはまだまだあると思うのです。

爪や肌、髪の毛、目、そしてもちろん体型には、どういう生活をしているかが如実に表れてしまいます。ということを考えていくと、装うことよりも前に、まずは中身をケアし、美しく保つことが大切。そして、それよりも、いちばん重要なことは健康であることです。健康があってこそ、はじめて美しさを保つことができ、ひいてはカッコよくなれるのです。

その健康を左右するという意味で、食事や水、そして運動や睡眠、生活リズムが大切です。それらがきちんとできて、つまり生活態度がきちんとして、はじめて、それぞれの各パーツ（爪や肌、髪の毛、目、体型）磨きのステップに進むことができます。

僕の哲学に「時短」という言葉があります。速く効率的に物事をこなすために、かける時間に優先順位を設けているのです。どういうことかといえば、たとえば僕の場合、髪の毛は二週間に一度ぐらいのペースで切るようにしています。なぜ、二週間に一度切るかというと、そうして保っておくと、ドライヤーで髪の毛を乾かす時間が短縮できるからです。さらに、ワックスを多量につけすぎることなく、自然とセットも決まりやすいからです。

歯のクリーニングを半年に一度行う理由も同じです。歯石が付いたら落とすのにまた時間がかかってしまいますからね。歯周病の原因にもなり、もっと言うなら虫歯につながり、結果、歯医者さんに通院することになって、無駄な時間を費やすことになってしまうのです。

だからこそ、「塵《ちり》も積もれば山となる」の精神で、自分の健康管理やメンテナンスは、普段からマメにしておくことが大切なのです。億劫《おっくう》かもしれませんが、そうすることが、結果、「時短」につながり、日々の生活を有意義に送ることができるようになるのです。

また、何事もやりすぎないことも大切です（特に、大人の男性は！）。

たとえば、眉毛。ボーボーで長すぎるのもおじいちゃんみたいに老けて見えますが、逆に細くしすぎるのもヤンキーみたいで、また貧相に見えるので、大人の男性にはおすすめはしません。なるべく自然なニュアンスをキープすること。やってます！　やりました！　的な、いかにもな手入れはあくまで避けるべきです。長すぎず、短すぎず、また細すぎず。極端に長い眉毛だけをカットし、自然に見えるように手入れをするぐらいが男性にはちょうどいいのです。

髪の毛も同様です。短く刈り上げすぎ、短く刈り込みすぎというのもおすすめしません。青々しすぎると、いかにも切りました！　的なニュアンスが出てしまいます。切ったなぁという清潔感は伝わるのですが、自然というよりは、やはり不自然に映り、あざとさが出てしまうもの。あざとさが出た瞬間に、見ている人間は確実に引いてしまいます。なるべく自然に見えるということにこだわると、落ち着いた印象に見せることができます。

長すぎるヘアスタイルも、もちろん論外です。ロックミュージシャンやアーティストなら別かもしれませんが、ビジネスを生業とし、スーツを美しく着こなしたいのであれば短く切るべきです。

ここで言いたいことは、まず短時間でも身だしなみを整えることが大切であり、ファッションも、スタイルも、それがなければ始まらないということです。そして、すべてやりすぎず、自然に見えることが大事なのです。

これから髪の毛、ムダ毛の処理、匂い、顔の肌、ボディケア、歯、唇、手、香りに分けて、それぞれの説明をしていきます。まずは、身だしなみがきちんと整った中身をつくることから始めていきましょう。それが、カッコよくなるための近道なのです。

髪の毛について

髪の毛に関しては、美容室で定期的にカットしてもらっています。コラム3でも少し述べましたが、土曜の朝にフジテレビでやっている『にじいろジーン』という番組の中の、家族を素敵に変身させるコーナーに、十年ぐらい僕と一緒に出演していた越智めぐみさんにカットしてもらっています。

髪の毛や髪型は、スタイルの中でも、その人の印象を決定づける大きな要素です。髪型を整えることは大事ですが、その前に髪の毛が傷んだりしていないでしょうか？　きちんとした生活を送り、きちんとした食事をして栄養を摂っていないと、髪の毛に如実に表れます。カップラーメンしか食べていなかったり、カラーで傷んだりしていたら、髪の毛がカップラーメンの縮れ麺みたいになって、パッサパサになったりするものです。逆に健康的な髪でも、整えず伸び放題というのも困りもの。

まずは、健康的な髪の毛を維持するために、良い生活習慣を送りつつ、マメにカットし清潔感を保つことが重要なのです。

「時短」という考え方から、髪の毛を二週間に一度ぐらいの頻度で切っていることは前述しました。髪型を整えておくと、頭を洗ってドライヤーで乾かして、そのあとワックスをつけるまで、かなり素早く済ませることができます。僕の場合、一分ぐらいです。髪の毛を拭くタオルは、ものすごく吸水性の良い素材のものを使って時間を短縮していますし、ドライヤーも強い風量ですぐに乾き、さらに髪の毛を美しく保ってくれる「バイオプログラミング」のレプロナイザーというものを使っています。髪の毛を定期的に切らず長くなりすぎると、ワックスを余分に使うことにもなります。そして、そのあとに整えるのにも時間がかかり非効率なのです。

シャンプーは、「アンファー」のスカルプD 炭酸ジェットスカルプシャンプーという、頭皮の皮脂や汚れがきれいさっぱりと落ちるものを使っています。毛穴もきれいにしてくれますし、そうすると髪の毛はちゃんと真っ直《ますぐ》ぐに生えてくるようになります。「資生堂」の育毛剤、アデノバイタルや、「ロレアル」のセリオキシル デンサーヘアもとても良い製品です。

今は、医療の発達によりどんどん寿命が長くなり、高齢化社会になっています。人生六十年なんていうのはとうの昔の話で、今は男女ともに平均寿命は八十歳代です。そうなると、少しでも健康で長生きし、その生きている時間はなるべく長い時間、素敵な自分でいたいと思うものです。だからこそ、毎日使うシャンプーやドライヤー、育毛剤は、本質的な部分にこだわって、少しでも長い時間美しくいられるための機能性を持った製品を使うべきなのです。

髪の毛のために、発毛効果のあるミノキシジルやフィンペシアを飲んだこともあります。これには困った部分もあって、男の人としての能力が低下するとも言われています。要するに下ネタなんですけど……。その場合は、髪の毛なのか？　男の人としての能力なのか？　どちらを優先するかを自分自身で考えたうえでトライするべきです。どちらも、という場合はミノキシジル、フィンペシア、そしてシジミ汁をすべて飲めばいいのです（笑）。

髪の毛は、清潔感が大切です。毎日、洗髪してきれいにするのは基本です。そうすれば、匂いも取れますし、嫌な頭皮の匂いもしません。「いい香りの人が素敵よね」と女性は必ず言いますからね。バランスの取れた食生活を保ち、栄養の行き届いた健康な髪をしっかりケアし、清潔に保つことが大切なのです。

ムダ毛の処理について

最近では、ヒゲを生やすことが許されるという企業もだいぶ増えてきましたが、まだまだ職業的に難しいという方もいらっしゃるでしょう。そういう方にとっては、見た目の信頼感や清潔感に関わるヒゲの手入れはとても大切なこと。

朝剃《そ》っても、夕方になったら生えてきてしまうというヒゲの濃い方もいらっしゃいますから、自分自身の毛量に応じたヒゲの手入れをすることをおすすめします。何度も剃ると肌を痛めてしまうという、生まれつき弱い肌の方もいらっしゃるので、そういう方は自分に合ったヒゲ剃り方法を見つけるのが肝心です。

今は「パナソニック」や「フィリップス」から、とても高性能の電動ヒゲ剃りが出ています。T字のカミソリなどとうまく使い分けて、肌を傷つけないようにヒゲ剃りをしていくことが重要です。

僕の場合、ライフスタイル雑誌の編集長やファッションディレクターという職業上、ヒゲを生やすことがおおむね許されています。学生当時、弱いアトピー性皮膚炎で、ヒゲを剃るとどうしても肌が荒れてしまうことがあったので、ヒゲを生やすようになったということもあるのですが……。生やすからには、不潔に見えないような手入れを心がけるようにしています。

「干場さん、毎日ハサミで手入れしてるんですか？」とよく聞かれますが、実は、まったくそんなことはなくて、一分ぐらいの手入れで済ませています。ここでも時短。各メーカーからヒゲトリマーという、ヒゲ専用器具が出ているのですが、その中でも「フィリップス」のヒゲトリマーを使っています。カートリッジが付いていて、ヒゲの長さを二ミリ、四ミリ、六ミリ、八ミリと変えられるのです。

要するに、ヒゲ専用のバリカンです。それをヒゲの各部分で長さを変えて、全部ガーッと刈って、おしまい。ハサミで細かく切るのは時間がかかるので、「時短」という観点からすると、ヒゲトリマーで刈ったほうが断然早く仕上がります。

またヒゲトリマーだけでは対応できないようなムダ毛が頬に生えている場合もあります。そういうときは毛抜きを使って抜きます。年齢を重ねると、えっ！こんな部分に毛があったっけ？　なんていうこともしばしばありますからね。

僕の場合は、ドイツの有名なメーカーの毛抜きを使っています。さすがはインダストリアルデザインに定評があるドイツ製なだけに、すごくよく毛が抜けます。変なところに生えてくる毛は、気づいたときに抜いてしまうように心がけましょう。自然光が入る部屋で、手鏡を使って自分の顔を見ると、ムダ毛がよく見えるのでおすすめします。

ムダ毛の種類にもいろいろありますが、鼻毛に関しては、僕は定期的に専門のサロンで脱毛してもらっています。一本一本抜くより、十分ほどで一気に脱毛できるので、結果「時短」になるのです。どんな素敵なファッションをしていても、鼻毛が出ていたらすべて水の泡になりますから。

眉毛に関しては、長くなった部分を自分でたまにカットするぐらいがベスト。

カットの方法は美容師さんに聞いた、櫛《くし》で上にすくい上げて出たところをちょっと切るというものです。あくまで、自然体に見えるよう、切りすぎないように！

男の人が女の人のように眉毛を細くしすぎるのはナンセンス。心がけているのは、やりすぎないことです。ツーブロックなど髪の毛の刈り上げもしかりで、やりすぎるのは「過ぎたるは猶及ばざるが如し」。ヒゲもそうですが、いじりすぎるのが見受けられると、女性は引きます。デザインしすぎないで、なるべく自然に見えるようにすることが、とても大切なのです。

身体のムダ毛も、ある程度は処理したほうがいいと思います。アイドルの男の子たちみたいに、全身ツルツルにする必要はないとは思いますが、逆にまったく手入れをせず、ムダ毛ボーボーというのもありえません。ショーン・コネリーは毛深いですが、ムダ毛のようには見えません。彼を男性的に魅せるひとつの要因になっています。つまりバランスが大事ということ。

このように、大切なキーワードは「時短」「効率」「バランス」です。これらを踏まえて、ついおろそかになりがちな毛の処理もきちんとやってみてほしいのです。

臭い匂いは絶ち、香りは纏《まと》う

身だしなみという意味では、匂うというのはもってのほかです。電車の中が臭い、おじさんたちの汗の匂いがイヤという女性も多くいます。ワキガみたいなものは仕方ないのですが、病院で治してくれたりもするので、できるだけ無臭に近いほうがベターです。通常の汗なら普通にきちんとシャワーを浴びていれば、そこまで匂いはしないはずです。

女性の意見として、いくら高級なスーツを着ていたとしても、汗の匂いやタバコの香りがものすごくしたらイヤだ、というのは男性の僕でもよくわかります。なので、臭い匂いの元になるような原因は、なるべく絶つほうがいいのです。

僕の場合は、一気に匂いが取れるボディシャンプーを使っています。たとえば、「ロート製薬」のデ・オウというものがあります。「男のニオイ・汗・ベタッキを徹底洗浄!」と銘打っているとおり、匂いがよく取れるのです。

髪の毛の項でも書きましたが、シャンプーはスカルプDシリーズの炭酸ジェットスカルプシャンプーやストロングオイリーがいちばん強力で、毛穴の皮脂をきれいに落とし、匂いも取り除いてくれます。

体臭と髪の毛の匂いは、なるべくなくし清潔にするのがポイント。女性がいくら良い香りの男性が好きだといっても、「じゃあ香水でもつけてみよう！」と、汗臭いオヤジが香水をつけたら、変な匂いになって逆効果。気持ち悪いだけです。

その前に、まず清潔に保ち、匂いの元を絶つことが大事なのです。汗の匂いや加齢臭があるなら、まずそれを取ること。

匂いを絶ち、常に清潔に保つという意味では、薬局で売っている簡易のボディシートを使うのも有効な手段です。僕は、「花王」のメンズビオレ デオドラントボディシート（さっぱりオレンジの香り）をこまめに使っています。各社からいろいろな製品が出ていて、ほとんどがすっきりとしたミント系の香りばかりなのですが、これは男性用なのに珍しく、女性でも使えそうな柑橘《かんきつけい》系のオレンジの香りがするのです。液をたっぷり含んでいるので、シートが乾きにくく、一枚でまるでシャワーを浴びたように全身気持ちよく拭けます。だから、日本の暑い夏の時期にはもってこい。六月のフィレンツェやミラノコレクションの出張時も暑いことが多いので、毎回必ず持って行くほど。とにかく、見つけては大量に買って、家にストックしてあります。

匂いといえば、男の人が体臭として気をつけたいのが、足の匂いです。靴を履いていると、汗ばんで蒸れて、しだいに臭くなるのはある程度仕方がありませんが、特に靴を脱ぐシーンでは、足の匂いには気をつけたいものです。僕はインソックスを履かずに素足で靴を履くので、夏場の暑い時期は、ボディシートで足を拭いたりしています。こまめに処置をすることは、ある意味エチケットでもあります。イヤな匂いには、気をつけたいものですね。

顔の肌について

毎日、鏡で顔をチェックするのは当たり前のことです。できれば、前だけではなく横顔や後ろ姿も見たいもの。気づかないうちに、鼻毛や耳毛が出ていたりするものです。特に、年を取れば取るほど細部の毛は伸びてしまうんですよね。

イベントなどの仕事でファッションの話をするときに、僕はよく「全身鏡を持っていますか？」という質問をするのですが、意外と全身鏡を見ている人が少ないことに驚かされます。顔だけなら、普通の手鏡でもできるので、必ず見るように心がけると清潔感を保つことができるはずです。

何度も書きますが、まず健康であることが第一です。ちゃんとした生活をしていないと、それは外見に出てくるものです。

女の人は男の人の肌も見ています。顔の肌が荒れていたり、くすんだりしていたら、「この人、生活が荒れているんじゃないか？　インスタント食品やコンビニのご飯しか食べていないんじゃないかな」と思われかねません。極端にいえばコンビニのご飯ばかり食べていると、顔がコンビニの顔になり、肌もコンビニの肌になります。健康的な美しい身体を形成するためには食事が大切です。いい食材で、いい調理の仕方で、栄養のバランスが取れているか、いい水なのかなど、体内に入れるものは一番こだわるべきです。そして、運動も大切です。年齢を重ねると代謝が悪くなり、老廃物が溜まりやすくなります。だから代謝を高める適度な運動が必要なのです。最後に規則正しい生活。それではじめて健康な顔になっていくのです。

顔の肌のケアは、「コスメデコルテ」のリポソームの化粧水と美容液、「ドゥ・ラ・メール」のクリームの二ステップだけです。女性に比べると、めちゃくちゃ手抜きだと思いますが、僕の場合はそれで十分です。日焼けもしていますので、洗顔はもとより、ケアはしっかりやっています。

ボディケアについて

男の人でもボディケアは大事です。僕は、「ボーテ デュ サエ」のボディミルクを使っています。なんといってもしっとりしていて、つけた時の香りがとても良いんです。世の女性を「香りで、もっと素敵に、もっと幸せにしたい」ということから始まったブランド。基本的に、女の人が使うものなので、女性から「いい香りですね」と言われることが多いのもポイントです。ローズブーケやペアベリーの香りなので、男っぽさもちょっとだけあり、男の人が使っても、全然ＯＫなのです。あとは値段が三九〇〇円と安いので、パシャパシャ気軽に使えるのもいいところ。香水をつけるより、自然な香りになります。もちろん、植物由来の天然成分と精油にこだわった自然派ボディケアなので肌にもいいです。

優しく香るということを考えると、ボディミルクやボディクリームはおすすめです。まさに効能と香りの一石二鳥です。

ボディケアでいえば、「美的ヌーボ FOR MEN」のサプリメントも飲むようにしています。自分に足りていない栄養の補助です。セサミンやビタミンＤ、Ａ、

B、Cなどが一袋にまとまっているので、まさに時短好きの僕にとっては、とても便利なオールインワンのサプリメントです。あとは、「アイム プロテイン」のプロテインも飲んでいます。大人のための母乳と言われていて、免疫力を高めてくれます。毎日、仕事をしているので、風邪《かぜ》を引かないように、病気にならないようにすることが大事です。健康管理も、日々の積み重ねが重要なのです。

歯について

歯は定期的に歯科医でクリーニングしていることは前述しました。歯や歯茎の健康のためということはもちろんありますが、歯石が付いてしまうとそれを取るのに時間がかかるから、それを防ぐための時短という側面もあります。

いつも使うハブラシは、「フィリップス」のソニッケアーの最も汚れが取れる電動のものを使っています。これも効率ということを考えたうえの選択です。機能的にも当然優れていて、歯垢を除去し歯肉炎などの歯周病の進行を防いでくれ、健康な歯を維持してくれます。

口腔《こうくう》ということで言えば、舌苔《ぜったい》取りはいつも持ち歩いています。ハワイで買ったアメリカ産のもので、日本のものとは違い、一回で広範囲を取れます。それも時間短縮であり、大事なところです。

いつもポーチにはハブラシと歯磨き粉やマウスウォッシュを入れてあります。食事をした後や人と会う前など、歯磨きをするようにしています。これは歯の健康のためでもありますが、エチケットや身だしなみという部分が大きいです。いくらファッションに気を遣っていても、歯が汚なかったり、口臭があったりするのは問題外と思うからです。

唇について

男の人がノーケアになりがちなのが唇です。よくあるのは、ガサガサした唇。乾燥して皮がカサブタのようになっている人がたまにいますが、それは避けたいものです。特に唇は薄い皮でできているデリケートなパーツです。唇が荒れる原因は乾燥、摩擦、汚れ、ビタミン不足、胃腸の弱りなどいろいろですが、水分を保持する力が弱いのでどうしても荒れやすいのです。

毎日、鏡を見る習慣をつけ、唇の状態を確認するようにしたいものです。顔のなかでも喋《しやべ》るときによく使い、人の目を集めるパーツですので、気を抜かずに手入れしましょう。

僕は「ドゥ・ラ・メール」のリップバームを常にポーチに入れて持ち歩いています。香りも良く、つけてちょっと舐《な》めるとバニラの甘い味がします。お店で名前をケースに刻印してくれるので、プレゼントにも喜ばれます。「干場さん、本当バカじゃないの？」と言われるのを覚悟で書けば、キスするときの女性受けがいいものという基準でリップクリームを選んでいます。

手について

女の人は想像以上に男の人の手をよく見ているものです。小指の爪だけがやたらと長かったり、爪の中に黒くゴミが溜まっていたりするのを見て、興醒《きようざ》めしている女性も多いといいます。

僕は妹がネイルサロンを経営していたこともあり、ツメに関してはやり方を教えてもらい、道具を揃え自分で手入れしています。甘皮を処理するものや爪のカーブを丸くするヤスリ、表面を磨く細かいサンドペーパーなどを用いています。

なるべく自然に見えて、マットできれいなほうが僕は好きなのでそうしています。きれいだからとマニキュアをピカピカに塗るとか、爪を伸ばすような変なことはしません。男の人は爪をなるべく短く切るべきです。女の人に「この人に触れたいな」「この人になら触れられてもいい」というふうに思われるような手でないと、ダメなんです。

半袖のTシャツを着たときなどは腕が露出しますが、肘がカサカサなのもNGです。ボディクリームを使い、手先や肘をケアするといいでしょう。また手の香りも注意が必要です。手洗いは小まめにして匂いを消し清潔に保ちたいものですね。

香りについて

香りは女性の興味も大きいものです。だからこそ、ひとりよがりではなく、好きな女性の好みの香りをつけるのはいかがでしょうか？　いつも思うのですが、香りを「何で好きな女の人と一緒に買いに行かないのかな？」と。その人が「良い」と言うなら、僕は良いと思うのです。いきなり香水ではなく、優しく香る、女性が使うボディクリームから始めるのもいいでしょう。女性が好む香りですから、男の人が使っても好感を持たれるはずです。香水はパルスポイントという、血管が皮膚に近いところにつけなくてはいけません。しかも香りは下から立ち上ってくるので、下からつけるのがポイントです。または、たとえば一プッシュしてそこをくぐる。つけすぎたときは一度シャワーを浴びると、香りの角が立たなくなり柔らかくなります。これは香水のつけ方のテクニックです。ですので、僕は軽くつけるかライトなものしかつけません。

また僕は香りフェチなので、二、三個、ボディクリームと香水などを併用しています。つける量や部位でまったく香りは変わります。服を脱いでいくと、最後に近いところが一番セクシーかもしれません。脱いでいくたびに違う香りを楽しむこともできます。

ということで、最終章はお洒落の前に大切なことを記しました。装うことよりも前に、まずは中身をケアし、美しく保つこと。そして、それよりも前に、健康であることが重要なのです。健康があってこそ、はじめて美しさを保つことができ、ひいてはカッコよくなれるのです。

おわりに

ファッション雑誌では、広告をいただいている企業の製品を紹介しなければいけない特性上、どうしても最新の洋服や流行のスタイルが中心になるのですが、そうするとファッション雑誌を見るだけではお洒落の本質がなかなか身につかないのも事実。そこで本書では、「ファッション雑誌を見る前に読むべき本」ということをコンセプトに、雑誌では紹介しないお洒落の本質的な基礎知識に焦点を当てることにしたのです。

ここまで本書を読んでいただき、僕が考えるお洒落の本質を少しはご理解いただけましたでしょうか？「どうせダサいから」「昔からセンスがないんだよね」とあきらめていた人がいるのであれば、それはこれまで知識がなかっただけです。基礎知識がないのに洋服を買って素敵になろうと思うのは、運転免許がないのにドライブの予定を立てるようなもの。ファッションという言葉を難しく考えるのではなく、こういう服選びをすることが世界共通でのお洒落の本質であることをご理解いただきたいのです。

僕は、三代続くテーラーの息子として生まれました。幼少期の遊び場であった縫製工場には、英国生地やイタリア生地の見本帳、七〇年代や八〇年代のスーツスタイルの写真などが雑多に置かれていました。「人は親の背中を見て育つ」と言われますが、その父親が生地を裁断したり縫製したりしている姿が、僕のファッションへの興味の入り口だったのかもしれません。すでに幼稚園の入園式には三つ揃いのスーツを、小学校の入学式にはネイビーのダブルブレステッドのブレザーをつくってもらっていました。周りからは「英才教育」だとか言われますが、本当は友達と同じようにナイキのTシャツを着たい普通の子供でした。ただ、父がいつも着ていたミディアムグレーのスーツや、僕が二十歳の記念に仕立ててもらったネイビーのスーツは、今の僕を形成した大きな要因であるのは間違いありません。

本格的に洋服に興味を持つようになったのは中学生のころでした。大親友になった、のちに「ナンバーナイン」というブランドでパリコレにも進出し、現在でも「ソロイスト」のデザイナーとして活躍する宮下貴裕《みやしたたかひろ》くんの影響でした。当時は、彼と一緒に『ファッション通信』というテレビ番組やファッション雑誌を見て、東京中のあらゆる洋服屋に行っていました。こういう出会いは誰にでもあるとは思いますが、僕の場合はそれが宮下くんでした。二十歳になるころには、宮下くんとは何か違う形でファッションに携わるような人物になりたいという思いが芽生え、編集者を志したのです。

二十歳で編集者になってからは、本当にいろいろな経験をさせてもらいました。『MA-1』『モノ・マガジン』『エスクァイア日本版』『LEON』『OCEANS』『Sette Mari』、現在、務めている講談社の『FORZA STYLE』。

編集部から編集部へと移り、関わる雑誌は変わっていきましたが、イタリアをはじめ、イギリス、フランス、スイス、ドイツ、アメリカなど、いろいろな国へ何十回と行かせていただき、いろいろな先輩方、そしていろいろな洋服と関わることができました。その後、宮下くんはデザイナーとして、僕は編集者として海外コレクションに行くようになりました。

父のテーラーは継ぎませんでしたが、スーツを仕立てることの素晴らしさを知るようになり、本文でご紹介した素晴らしい方々とも知り合うことができました。「偶然は必然である」という言葉がありますが、僕のこれまでの人生もまさにそう。生まれた環境、さまざまな人との出会いや経験があって干場義雅という人間ができているのだということを、最後にここで申し上げたいと思います。

ここまで、ビジネスシーンでのスーツスタイルを中心に、グローバルスタンダードな装い、美しく見えるための基準やそのやり方などを紹介してきましたが、僕のアドバイスを必ず実践してほしいというわけではなく、ご自身のスタイル確立や、今後の生き方の参考にしていただけたら幸いです。

世界のビジネスシーンでは、スーツスタイルがまだまだスタンダードであり、そういう装いをするのが基本です。そして、重要なのは洋服ではなく、本当に大事にしなければならないのは自分自身だということ。着る人、本人の魅力こそが大事で、その本人を引き立たせてくれるものが洋服であり、お洒落の本質だと思うのです。だからこそ、洋服はベーシックで控え目に。そして、時代によって少しずつベーシックを進化させていくことが大事なのです。

それから「エコノミカル・ラグジュアリー（エコラグ）」ということ。本当にいいものを長く使い、無駄なお金は使わない。それは物事の本質を見極めることが大切だということなのです。

僕はブルース・リーが好きです。彼は幼少期より学んだカンフーに、ボクシングやレスリング、柔道、空手など、さまざまな国の格闘技の要素を採り入れ、その中から最短の動き（エコノミカル・モーション）で相手を倒す方法を見つけました。そして截拳道《ジークンドー》という、武道のみならず生き方を表す思想をつくり上げ、いろいろな人に伝えたのです。

格闘技とお洒落。進む道は違えど、僕が考えていることも同じです。最短の時間でお洒落の本質を知っていただき、より多くの人に素敵になっていただき、少しでも人生を豊かに過ごしていただければ幸いです。人生は、誰にでも一度きりなので。

最後に、本書を刊行するにあたり、最後までご尽力いただきました集英社文庫編集部の東本恵一《ひがしもとけいいち》氏、カバーのイラストを素敵に描いていただきました遠山晃司《とおやまこうじ》氏、そして長年応援してくださるすべての方々に、この場をお借りして心よりお礼申し上げます。ありがとうございました。

干場義雅

本書は、二〇一六年四月、ＰＨＰ新書として刊行された『世界のエリートなら誰でも知っている　お洒落の本質　スーツの着こなし術から世界の一流品選びまで』を文庫化にあたり、『世界のビジネスエリートは知っている　お洒落の本質』と改題したものです。文庫化にあたり、大幅に加筆改稿をしました。

本文デザイン／アルビレオ

S 集英社文庫

世界《せかい》のビジネスエリートは知《し》っている　お洒落《しゃれ》の本質《ほんしつ》

2019年10月25日　第1刷　　　定価はカバーに表示してあります。

著　者　干場義雅《ほしばよしまさ》

発行者　徳永　真

発行所　株式会社 集英社
東京都千代田区一ツ橋2-5-10　〒101-8050
電話【編集部】03-3230-6095
【読者係】03-3230-6080
【販売部】03-3230-6393（書店専用）

印　刷　株式会社 廣済堂

製　本　株式会社 廣済堂

フォーマットデザイン　アリヤマデザインストア　　マークデザイン　居山浩二

ISBN978-4-08-744040-9 C0195